北京大学创业训练营系列

创业基础
管理思维

Entrepreneurial Basic
Management Thinking

北京大学创业训练营 ◎ 编

北京大学出版社
PEKING UNIVERSITY PRESS

图书在版编目（CIP）数据

创业基础管理思维 / 北京大学创业训练营编. —北京：北京大学出版社，2024.3
ISBN 978-7-301-34667-9

Ⅰ.①创… Ⅱ.①北… Ⅲ.①创业—企业管理 Ⅳ.①F272.2

中国国家版本馆CIP数据核字(2023)第225794号

书　　名	创业基础管理思维 CHUANGYE JICHU GUANLI SIWEI
著作责任者	北京大学创业训练营 编
责任编辑	高源 裴蕾
标准书号	ISBN 978-7-301-34667-9
出版发行	北京大学出版社
地　　址	北京市海淀区成府路205号　100871
网　　址	http://www.pup.cn
电子邮箱	编辑部 em@pup.cn　总编室 zpup@pup.cn
新浪微博	@北京大学出版社　@北京大学出版社经管图书
电　　话	邮购部010-62752015　发行部010-62750672　编辑部010-62750667
印刷者	三河市博文印刷有限公司
经销者	新华书店
	880毫米×1230毫米　A5　9.5印张　237千字 2024年3月第1版　2024年3月第1次印刷
定　　价	58.00元

未经许可，不得以任何方式复制或抄袭本书之部分或全部内容。
版权所有，侵权必究
举报电话：010-62752024　电子邮箱：fd@pup.cn
图书如有印装质量问题，请与出版部联系，电话：010-62756370

北京大学创业训练营导师指导委员会

黄怒波　中坤投资集团创始人
俞敏洪　新东方教育科技集团董事长、东方甄选 CEO
张新华　神华投资集团董事长
张志宏　原国药生物天津公司总经理
厉　伟　松禾资本创始合伙人
张　璨　和能人居科技集团股份有限公司董事长
侯　军　高德地图创始人
富彦斌　正源中国投资控股有限公司董事长
侯松容　深圳协创科技集团董事长
应华江　北明软件有限公司总裁
欧阳旭　中关村文化股份董事长
孙陶然　拉卡拉集团董事长兼总裁，昆仑学堂创始人、院长
黄　斌　四川百达博雅投资有限公司董事长
李文胜　北京大学校友工作办公室主任、北京大学校友会副会长
　　　　兼秘书长
杨　岩　北京未名雅集燕园创业投资中心合伙人
刘　水　深圳市铁汉生态环境股份有限公司董事长
信跃升　中信资本高级董事总经理
李宇宁　北京大学产业党工委书记、产业办主任
李永新　中公教育集团董事长
刘德英　北京大学创新创业学院院长
李小白　和才基金有限公司董事长
王开元　北京和达投资有限公司总裁
姚卫浩　北京大学产业技术研究院院长、北京大学科技开发部部长
于　越　东方剑桥教育集团董事长、总裁
徐　兵　江苏金智科技股份有限公司董事长

本书编委会

主　编：王　健
副主编：贾竑阳
编　委：袁　航　水　倩　方　堃
　　　　闫　菡　杨　明　梁淑然
　　　　崔　朕

本书作者

王新超　北京大学光华管理学院组织与战略管理系副教授
陈振源　镇洋创始人、拓源投资创始人
杨　鸣　股书总裁、股书学院院长
苏仰平　北京市时代九和律师事务所合伙人
尹志强　追云科技创始人
傅　强　智囊机构董事长
王为久　北京大学光华管理学院博士
于美茜　蓝色光标客户服务总监
韩　毅　蓝标传媒品牌中心首席创意官
高胜涛　资深危机管理专家
代　冰　镇洋咨询战略 CHO 资深顾问
鲁华章　华章优诺商业教练创始人、资深导师、核心高管团队绩效
　　　　提升教练、资深培训师
韩晓晨　北京云律通律师事务所主任
谢　韬　北京合普天成税务师事务所，北京合普朗润会计师事务所创
　　　　始人、执行董事
马　龙　普华永道中国税收政策服务主管合伙人
刘思思　北京知果科技有限公司创始人兼 CEO
陆　海　泽然资本投资基金创始合伙人
陈荣根　创客总部合伙人
吕　峰　南开大学现代管理研究所所长、博士
孔令博　北京奥琦玮信息科技有限公司董事长兼总经理

前 言

创业是一门艺术,没有完美的答案与定律,不同的人和不同的环境可能导致不同的选择,需要创业者在创业过程中持续思考与决策。同时,创业也是一门科学,绝大部分创业者在创业过程中会遇到相似的问题与挑战,特别是对于初创企业。初创企业生存不易,这是一个显而易见的事实,在人才、资金、管理等方面的不足往往使得初创企业显得十分脆弱。

加强初创企业创始人关键素质的培养,加深其对创业规律发展的认知,提升其创业的实操能力,对于初创企业的成长以及促进社会整体的经济发展具有重要且深远的意义。北京大学创业训练营归纳和整理了创业管理的核心关键技能,汇编成《创业基础管理思维》一书。

本书主要针对初创企业创始人、CEO(Chief Executive Officer,首席执行官)等核心决策者,宗旨是帮助他们迅速培养并掌握创业初期的关键技能与素养,通过精选、提炼北京大学创业训练营 20 位资深创业导师的专业课程,分享、传授初创企业经营与管理的商业思维和创业经验,为初创企业的实践提供综合指导。

全书分为七个部分,选择初创企业在初级阶段遇到的问题以及重点需要解决的难题作为切入点，从初创企业的顶层设计、产品与商业模式的设计、营销理念的构建、人员及资金的管理、知识产权以及挫折管理等不同维度，围绕战略决策、团队领导力、股权、投融资、市场营销、税务法务、企业管理、品牌营销等基础内容，带领读者认识初创企业发展过程中的误区，帮助创业者建立创新创业底层逻辑，构建创新创业知识体系，给予创业者理论指导和实践演练，从而帮助创业企业"活下来"，继而逐步发展壮大。

创业者与创业活动是国家与社会创新创业活力的重要源泉。北京大学创业训练营在创新创业扶持领域专注服务创业者成长，在500余位资深创业导师的指导下，深度服务数万名创业者。本书基于大量的创业成功与失败案例的归纳总结，力图帮助创业者运用体系化的知识应对诸多的挑战与难题，帮助他们提升创业成功率，避免走弯路，助力创业者走上良性发展的快车道。

编 者

2023 年 8 月

目录
CONTENTS

PART 1 第一部分
初创企业的顶层设计——战略、管理与治理构架

初创企业的管理与领导力 / 3
北京大学光华管理学院组织与战略管理系副教授 王新超

企业战略如何快速落地 / 20
镇洋创始人、拓源投资创始人 陈振源

初创企业的股权管理与股权激励 / 38
股书总裁、股书学院院长 杨鸣

创业公司"股权社稷"的基本原则 / 49
北京市时代九和律师事务所合伙人 苏仰平

第二部分 成功创业的基石——产品与商业模式

创业 CEO 的产品思维　/ 61
　　追云科技创始人　尹志强

商业模式的设计与创新　/ 76
　　智囊机构董事长　傅强

第三部分 快速商业化——营销

创业 CEO 市场营销思维　/ 93
　　北京大学光华管理学院博士　王为久

数字经济时代流量的获取与运营　/ 111
　　蓝色光标客户服务总监　于美茜

初创企业的品牌营销　/ 125
　　蓝标传媒品牌中心首席创意官　韩毅

初创企业如何避免死于舆论之口　/ 140
　　资深危机管理专家　高胜涛

第四部分
初创企业的力量源泉——人力资源

初创企业的人力资源管理 / 155
镇洋咨询战略 CHO 资深顾问　代冰

打造高绩效团队 / 163
华章优诺商业教练创始人、资深导师、核心高管团队
绩效提升教练、资深培训师　鲁华章

这五个劳动用工法律误区，90% 的创业者都想错了 / 177
北京云律通律师事务所主任　韩晓晨

第五部分
提高初创企业资金效率——财务、税务

企业创始人应该掌握的财务要点 / 193
北京合普天成税务师事务所，北京合普朗润会计师事务所创始人、
执行董事　谢韬

初创企业常见的税务问题 / 205
普华永道中国税收政策服务主管合伙人　马龙

第六部分 建立初创企业的竞争壁垒——知识产权

初创企业建立竞争壁垒和护城河 / 223
北京知果科技有限公司创始人兼 CEO　刘思思

第七部分 创业者的必备能力与知识

讲好你的创业故事——商业计划书攻略与技巧 / 237
泽然资本投资基金创始合伙人　陆海

科技成果转化与科技创业 / 246
创客总部合伙人　陈荣根

创业挫折管理 / 259
南开大学现代管理研究所所长、博士　吕峰

创业者的自我修养 / 272
北京奥琦玮信息科技有限公司董事长兼总经理　孔令博

第一部分

初创企业的顶层设计
——战略、管理与治理构架

初创企业的管理与领导力

> 北京大学光华管理学院组织与
> 战略管理系副教授
> **王新超**

领导力,是现代组织管理理论研究与实践中非常核心的一个课题。大量组织管理成功与失败的经验告诉我们,任何管理的成功以及组织目标的顺利实现,都离不开有效领导力的保障。创新创业管理,是一种新形态的组织管理活动,具有独特的管理活动规律及特征,在这样的管理活动过程中,领导力更有格外重要的价值,对创新创业管理的成功极为重要。

本文将具体分析领导力在企业创新创业管理中的作用,从四个部分进行逐层分析与阐述:首先,对创新创业活动特点进行分析,比较其与传统组织管理活动的区别;其次,分析领导力发展过程,包括创新创业对领导力的具体要求;再次,重点揭示创新创业活动对领导者提出的挑战,以及领导者在自身修养与发展上应该注重哪些方面的发展与提升;最后,认识领导力在创新创业团队中的作用,即领导者应该怎样通过自己的影响,用自己的行为及榜样示范作用,带动创新创业团队的发展,并成功实现创新创业目标。

一、创新创业活动与传统组织管理活动的区别

领导活动的成功与领导行为、领导方式、组织形态及工作任务的匹配都是有直接关系的。从大规模生产时代，到进入PC（Personal Computer，个人计算机）和互联网时代，直至当前，整个发展过程不仅是技术和生产力的变化、生产结果与生产者个人特点的变化，更是组织管理模式上的极大变革。每一个变革阶段都会有不同的特点，我们有必要对这些变化的核心因素加以关注并比较。

当然，组织目标的实现是组织成员共同努力的结果；组织管理过程是协调组织成员行为的过程。分析组织管理问题，无论是传统组织管理的问题，还是现代组织管理的问题，核心内容都离不开对人的行为的分析。

一般说来，传统组织管理活动更关注的是组织内部人员的行为问题。比如，如何更有效地调动员工积极性；如何按照生产要求及组织规定管理员工行为，让员工有组织、有纪律；如何使员工在生产相关活动上的表现能逐步达到更准确、更有效，从而顺利实现组织生产与管理的目的。在现代组织管理活动中，尤其在移动互联网时代的组织管理过程中，情况就表现出更灵活、更不确定、更多样化的特点。由于环境因素的变动、行业中技术与竞争的变化以及市场上产品种类与数量的更新迭代，组织在技术革新、竞争力方面面临更高的要求和更大的挑战。这些变化的形态与速度，都需要组织及其成员更快适应。

在市场活动中，组织要跟上消费者需求，甚至要超越消费者需

求，引领新的消费潮流。在这样的形势下，现代组织管理活动就不仅要关注组织内部人员的行为特点与变化，还要关注组织外部人员的行为特点与变化。这是一个推动组织成长、适应潮流的核心动力问题。

因此，创新创业的组织管理要求领导者在满足组织内部人员需求、保证组织内部人员工作积极性的基础上，激发组织内部人员的工作热情。同时，还要在当前的形势下，面对新一代"00后"或"Z世代"（指在1995—2009年出生的人），要创造性地寻找他们的需求特点，并制订满足他们需求特点的解决方案；还要更积极主动、创造性地寻找新的消费需求，不断满足并影响消费者的行为方式与习惯。这样来看，创新创业的管理活动对领导者的要求也就更苛刻，对领导者与组织的领导力要求也更高。

创新创业活动对领导者及领导力有什么特殊要求？我们怎样衡量与判断创新创业活动的效率、风险性以及成功的概率？针对这些问题，可以从以下三个维度来分析。

第一个维度是不可预测的风险。首先要肯定的是，创新创业活动是一种有风险的行为，往往风险的高低也决定了创新创业活动潜在收益的高低：风险越高，收益越高。高风险会带来高门槛，会将大量低水平、低素质的创业者阻挡在创新创业领域之外。竞争者少了，会在一定程度上提升创新创业活动的成功概率。当然，风险过高也会使创新创业活动更容易失败。

第二个维度是投资的条件。这取决于组织得到的资源是否充足：如果组织有能力且有充足的资金，那么行动的基础就足够雄厚；若组织能争取到充足并稳定的外部投资，则也能使投资成功。组织内部的投资是基本可控的，但外部的投资有诸多不确定因素，比如投资者的意愿、欲望、偏好等，这些都会影响投资的结果与效果。

第三个维度是获利的程度。创新创业活动是否能够获得利润，是否能够使投资者获得收益，也是创新创业活动在新兴市场中能否成功的重要衡量标准。只有在最短的时间内，以最快的速度对技术、产品、市场形成垄断，才有可能获得最大的收益。这种结果往往取决于能否产生极具革命性、独特性、创造性的创新创业活动，但现实中是很难寻找到如此有利机会的。

综合前面三个因素，如果创新创业活动的风险较大，但投资很充足，就应该能获得更大的利益。如前面已经分析过，风险大的投资能够构成较高的进入门槛，淘汰掉大量的竞争对手；而充足的投资可以降低创业的门槛，获得更宽松、较从容的创业环境，这些都有利于初创企业得到更多的市场空间、份额，以及创造更多的利润。由此，可以将创新创业活动按性质分成三种类型，分别是"转型的创新""公司的创新"和"有前途的新企业的创新"。由于三种类型存在差异，领导者的行为与领导力自然也是不同的。

转型的创新，主要包括大公司或大组织的创新创业活动与行为。理论界曾存在一种观点，认为大公司与大组织的经营行为，更容易在经营领域形成垄断。大公司为了保护自己的既得利益，会充分考虑让自己的利润最大化，这将使它们对创新创业活动有一种"天然的"压制与抗拒动机。然而，20世纪70年代以后的市场发展，推翻了这种观点。大公司不仅没有表现出对创新创业活动的压制，而且反而是很多重要创新行为的推动力量。这种创新行为会对大公司原有的业务形态带来改变，并表现在公司经营行为的重要变革上,因此,人们将其称为"转型的创新"。

大公司的创新行为既有资金的支持,又有专业人员知识技能的支持(如各种类型的专业委员会的参与),这能对创新创业风险进行管控。因此,大公司代表的"转型的创新",比较稳健,成功概率较高,利润的获得会随着公司规模的扩大而增加。

公司的创新,是一种较独特的形态,一般表现为革命性的创业者引入一种颠覆性的创新概念,创办一个业务与形式都具有特殊性的公司,并产生一个新的市场空间。这种创新需要解决的问题主要是业务或产品的创新程度能否与传统概念表现出根本性差异。此外,这种类型的公司只有得到充足的投资,才能保证创新一出现就能在最短的时间内快速占据几乎所有的市场空间,短时间内最大程度地获得效益与回报。但通常来说,这样的成功条件很难等到,成功机会的把握难度也很大。

有前途的新企业的创新,是大量个体创业者以及中小规模组织的创新创业形式。有前途的新企业的创新方向与形式,多是在传统业务基础上突出某些细节,或是补充业务细节,创新难度和力度往往较小,创新是否成功主要取决于技术、产品服务和解决问题方案。由于规模小、实力弱,能够说服投资者投入足够资本的难度很大。但这种创新行为投入小、灵活性大,控制与把握好项目性质就能抓住时机,可以得到较可观的利益回报。

应该说,无论对于哪种类型的创新创业活动,领导者的行为都与创业的成败有密切关系。领导者个人的素质与能力,在团队认识、分析、判断以及最终决策的环节中都发挥着重要的作用——每个阶段领导者个人的能力与性格,以及领导者的领导力对周围成员的影响，都将对创新创业活动的成功有较大、较为关键的影响。如果我们要对创新创业活动中领导力的表现与特点有更深入的认识，就有必要做更进一步的分析与讨论。

二、领导力的发展过程

具有创新创业意愿的人很多，投入相关实践中的人也较多，但成功的概率并不是很高。创新创业活动对创业者考验艰巨，实践将不能胜任或把握不好机会的个体淘汰，拣选出杰出的成功者。调查统计数据显示，将近60%的创业者难以成功走完创业的过程，最终沦为边缘化状态，甚至大多数创业者彻底失败了；大约20%的创业者能在一定程度上实现当初规划的创业目标；而真正实现创业成功的创业者，仅占5%—6%的比例，成功率相当低。创业者群体就像是一个洋葱的横切面，从外到内一圈圈地逐渐缩小，外圈范围很大，内圈范围越来越小，也就是说，创业者最初人数众多，但到最终能成功实现创业目标的人非常少。这种现象也被称作"创业者的黄金圈法则"。

真正创业成功的创业者目标明确、意志坚定，他们的创业行为没有停留在物质生存的层面，而是成为创业者个人的使命。更重要的是，这样的创业者能通过自己的领导力影响，为群体成员传达创业目标和使命，形成团队的使命感，转化成团队的领导力。

然而现实的主要问题是，市场上缺少足够多成熟的创业者。很多创业者在准备上，尤其在领导团队能力的准备上，并不是很充分。不过，值得庆幸的是，管理学的研究证明，领导力可以通过有意识地学习与训练培养出来。创业者自身的领导力水平能够提升，这对于大多数管理经验不足、缺少专业训练和足够理论知识武装的创业者而言，应该是一个积极的、具有很重要价值的结论。

约翰·麦克斯韦尔（John Maxwell）曾提出一个领导力发展的模型。他将领导者在组织中的领导力发展过程按低级到高级分为五个层次。他认为，随着领导者个人的成长以及不同团队对领导力要求的不同，领导者的领导力存在一个从低到高的发展过程。这五个层次包含的内容如下所示。

第一个层次是领导者个人能力的获得与提升。主要是指领导者个人在专业知识上的有效储备，以个人的专业技能说服、影响同伴的能力，以及在团队中形成与建立一种良好的专业化职业习惯。这也是领导者在初级阶段一个很重要的品质。

第二个层次是此阶段要解决的主要问题，它不再是领导者个人能力成长的问题，而是关系到团队的组织。领导者考虑的重点应放在团队成员的相互合作及配合上，团队成员的关系发展成为主要任务。领导者的任务要从个人能力的成长，转变为协调、带动团队成员一起成长。

第三个层次是领导者不再直接关注每个成员。由于团队的形式从单一变为多元，专业分工以及工作活动存在差异性，需要领导者善于对组织中的资源进行调配，更综合地分析资源合理使用的效率问题。

第四个层次是对领导者的要求，需要领导者能看到更长远的目标，能有效激励成员实现未来长远目标。当然，领导者以身作则的榜样示范作用，对保持成员的信心是至关重要的。

第五个层次是要求领导者更像一个"领袖式"的领导者。在比较大的组织中,领导者不可能具体影响到组织中的每一位成员,领导者的影响作用只能被"符号化",领导者个人的品质、行为都成为特定的符号指引着下属,让下属主动学习、追求这种榜样的特点。

麦克斯韦尔的这个模型对领导力在组织中的成长有一般性说明,创新创业活动对领导力成长的要求具有特殊性。我们所熟悉的主要是中小规模组织的创新创业活动,从组织到领导者个人都不具有成熟的条件与基础,组织业务形式发展更多表现为在探索中前进,领导者个人能力的提高也是探索的过程。这决定了组织自身的稳定性较弱,领导者对成员的指导与控制影响力也不强。而在一般组织中,领导者还能依靠组织的因素,帮助自己提升领导力的影响效果。

在众多小规模的创新创业活动中,领导者只能依靠自己并不强大的领导力,来激励、引领、吸引成员,让成员提升归属感和工作热情,使大家对组织的前途有信心。在这种环境中,领导者的影响力更依赖于领导者个人的特点,它更多是建立在领导者的人格魅力以及领导者与成员之间的情感性因素基础上的。简单来说,就是"心理契约",而不是"经济契约",前者是这种组织影响力的最重要因素。"经济契约"中单纯物质性交换关系是不够的,只有利益愿景与"心理契约"中情感产生共同的作用力,才能最大程度激发成员的凝聚力与工作热情。这就决定了领导者的个人因素在创新创业活动中有核心作用。

三、领导者在创新创业过程中需要的能力与素质

领导者在创新创业过程中具有至关重要的作用，但领导者怎样发挥这种作用？领导者需要发展哪些能力与素质？对这些问题还缺少系统和完整的研究，但可以遵循领导行为的一般表象规律，进行一定的分析。

罗伯特·卡茨（Robert Katz）提出，领导者应该有三方面的基本能力，即技术能力、关系能力、概念能力。技术能力是领导者执行工作任务的基本能力，包括对所从事的职业知识与基本技能的掌握程度，外加不断的训练与丰富的经验储备。只有这样，领导者才有能力指导下属工作、帮助下属提升职业技能。关系能力主要是领导者处理组织中人际关系的能力，同时还包括在组织内沟通信息的能力。领导者的这种将组织成员连接起来、串联起来的作用，似乎扮演着"穿针引线"的角色，对组织成员情感的发展以及组织成员对组织的认可，具有非常重要的作用。概念能力主要是领导者认识环境、分析问题、形成解决问题方案、做出决策的能力，这种能力体现出领导者能把握组织发展的正确方向，以及能坚定带领组织沿着正确方向前进。

理想的领导者应该在每个方面都能形成成熟的能力，但在实践活动中，面对核心问题与具体工作，个人总是会将注意力的焦点更多集中在比较紧急的因素上。组织发展可能会困扰领导者，让领导者难以找到相应对策，这就容易导致领导者在这方面投入更多的时间和精力，相应地也导致领导者忽视其他方面能力的提升。其

实,在创新创业过程中,领导者对组织成员的影响与帮助是非常重要的,这不仅需要领导者在不确定情境中不断激励成员的斗志与激情;而且还需要为成员行为提供具体指导,如提高职业能力与专业经验,有意识地建设积极向上、强有力的组织氛围,形成好的组织文化。然而要做到这一切确实不容易,这就需要领导者有更扎实的素质与更强大的能力。

通常说到完成某一任务,就会提到必须具备完成该任务的"胜任力"。近些年来,人们对"胜任力"谈论得较多,企业在招聘与考核员工的环节上也突出对"胜任力"的关注。但很多人对"胜任力"的理解并不正确。从心理学角度来看"胜任力"是一种在实践中发展的能力。它既不是天生具有的,也不是在正规课堂教学中训练出来的。为了真正对某一职业具有"胜任力",个体必须在职业活动中通过对成功与失败行为的经验总结,领悟到一套对个人职业行为具有指导作用的有效策略。"胜任力"是在个人知识系统中形成的有机结构,并能对个体的未来行为形成有效的指导。所以,真正的"胜任力"是个体在实践活动中逐渐累积发展的结果。没有一定的职业活动和经验基础,没有个体有意识地对职业经验进行总结,也就不可能形成这种有价值的"胜任力"。人们常说的"10000小时定律",就是强调为了形成这种"胜任力",一个人要在相关的职业活动中有将近10000小时的积累,才能在大脑中具备足够的专业知识与技能,并产生有效率的职业行为习惯,由此才能在未来的实践行为中具有最高的工作效率。

理论上一般将决定个体能力的因素归纳为先天因素与后天因素两方面。先天因素主要是指由遗传决定的智商等。人与人的天赋确实有所不同。后天因素主要是指个人相关专业知识的学习和在操作技能上的练习及其熟练程度。这方面的个体差异,主要取决于个体成长发展的环境,也取决于个体的主动努力程度。总之,这些因素应该是我们胜任任何一个任务的最基本的条件,也可以将其称为"胜任力"方面的"硬实力"。但对于创新创业过程中的领导者来说,仅有"硬实力"是不够的,还需要具有"软实力",这种能力主要体现为领导者影响其他人的行为的能力,是一种带动别人、影响别人,将大家吸引到自己身边、帮助自己完成工作目标、实现创业目标的能力,这也被克莱顿·克里斯坦森(Clayton Christensen)称为"实用智力"。

"实用智力"指个体在日常生活中善于运用知识处理事务的能力,包括适应环境的能力、改变环境的能力和选择环境的能力。这种能力(智力)是个体在后天发展形成的,个体之间所具备的该能力大小并不平衡,但它对个人事业的成功、个人能得到的外界环境的支持程度,都具有很重要的影响。尤其对创新创业过程中的领导者来说,这种"实用智力"的价值显得更重要,但这又恰恰是大多数创新创业过程中领导者较为薄弱的环节。因为大多数经验并不丰富的领导者可能在技术上、专业上的能力积累与提升还有较强的主动性,但在关系能力上,在影响他人、带动他人的能力养成上,一方面是不够重视,难以将其放在必要的战略层面上;另一方面是教育与培训不足,缺少系统及完整的练习。再加上长期有意识地回避解决这些方面的问题,反而不断提高自己在专业上的优势与长处,这就更容易造成在"实用智力"上的短板。

对于创业的领导者来说,"实用智力"产生的最大价值,就是既能使他们具有自知之明，又能让他们站在对方的立场表现出善解人意的能力。创业团队的发展必须建立在一定的信任基础上，这需要团队成员有一定的交流的意愿。如果团队成员存在猜疑与过多的防范心态，必然会增加沟通障碍，多余的解释必然降低活动效率，也将导致管理成本的提高。因此，创业的领导者应更善于沟通，通过准确地传达信息，一方面保证管理效率；另一方面促进成员间的情感发展，促进团队依附性、凝聚力的提高。这对于坚定团队成员的决心，激发成员的创业热情，强化成员间的相互协作与增进相互之间的配合，都是非常重要的。语言表达上的效果以及行为上的示范，是给周围人传达积极信号的基本方式。创业的领导者在与他人互动时应该传达明确的、开放的、友好的、清晰的行为信号，创造更具有善意的表达效果。在语言交流上，准确表达有利于增强关系、提高交流频率。

　　双向的交流是相互影响的过程，我们不能简单局限在对领导者个人行为的认识上。事实上，领导者与被领导者的适应与调整，对于交流的效果与合作的效果都有很大的影响。在这种相互作用的过程中，领导者的影响有两种表现方式：一种是"专业权威型"的表现方式，另一种是"领导人格型"的表现方式。前一种表现方式大家比较熟悉。在职业活动中提升自己的职业能力与专业指导能力，这能使我们对自己从事的职业产生更踏实的感觉；另外"专业权威型"表现方式可以给下级指导解决工作问题，帮助下级在工作中克服挫折，这也导致更容易得到下级的认同。但从组织发展角度来看，尤其在创新创业这种不确定的活动中，"领导人格型"的表现方式更带有战略性特点。该表现方式需要领导者利用自己的人格魅力，包括对创新创业活动有坚定信念与强烈使命感，选择明确的创业实践路线，让下级理解并接受具体的企业行动计划与战略目标，帮助下级成长并使其看到自己变化的过程，帮助团队产生情感性共鸣、形成集体认同感。这些因素对创业团队而言，是领导者有"领导人格型"影响力的具体表现。

四、创新创业团队领导力的分析

对于创新创业团队领导力的作用，我们将从领导者与创业团队的关系，也就是从领导者与团队交互作用的角度来分析。

从管理角度看，领导者离开了团队，其价值将大打折扣。甚至可以说，失去了团队，领导力作用的发挥就不完整。创业领导者手中的资源，不仅有物质资源，而且有人力资源，即创业团队的成员。一般的组织管理活动要求领导者对自己团队的物质资源有充分的把握，对自己团队的人力资源条件有清醒的认识与判断。毕竟创业成功并不是只依靠领导者个人的作用，即使领导者具有至关重要的作用，但团队成员的努力才是创业成功的重要保证。

正确的引导、有效的带动取决于领导者正确与坚定的信念；对所领导的下级有正确的认识与判断，才能创造条件满足他们期盼的利益。所谓"正确"，就是团队发展的方向不偏差，能使团队成员的利益诉求有共同点，并最终形成价值与情感上的一致性。因此，创业的领导者影响下级行为、管理团队必须基于对创业团队成员有一定的认识和必要的了解。

想要认识创业团队成员，就要把心理学对个体行为研究的结果应用于日常管理工作,即对个体行为的ABC有基本的了解。所谓个体行为的"ABC",是指个体的态度(Attitude,A)、行为(Behaviour,B)、才能(Competence,C)。态度,主要强调工作的态度。在工作上积极表现体现了团队成员价值观具有一致性。领导者需要通过领导力促成团队成员形成共同的价值观。行为,主要强调团队成员的行为表现。完成工作的方式很多,但在一个具体的团队中就需要成员相互影响、相互磨合找到最适合团队的工作方式与行为习惯。在这个过程中,为了磨合和改进成员行为,领导者需要付出相应的心血。才能,主要强调工作需要从业者及在岗人员具备岗位能力、专业知识和工作技能。这些才能能促进成员完善职业发展。

除了关注团队成员的个人因素,领导者也应该关注团队活动的特点。从管理角度来看,一个真正有效率的团队,必须具有三个明显特点。这三个特点通常被称为工作群体三要素,指在团队中形成共同的情感、共同的行为、共同的目标。共同的情感,要求团队成员有良好的集体氛围和情感上的共识,这是团队合作与协调的基础。只有在团队成员中产生共同情感,大家才会在沟通表达上更高频率地使用"我们"这种表述。共同的行为,要求团队成员在工作上合作协调、相互理解、相互关心,最终实现默契的配合。共同行为是团队活动效率的保证,也是团队实现目标的保证。在工作群体三要素中,共同的目标是最重要的,但也是最难实现的一个要素。

团队整体目标的实现,当然需要团队成员对目标的认识具有一致性。但个体的利益并不会轻易达成一致,成员个体利益与团队利益之间也会存在矛盾与冲突。因此,领导者要充分认识成员的个人情感诉求、利益需求,并通过管理使团队成员尽快形成统一的价值观和共同的目标。

在形成团队共同目标的过程中，领导者可以通过频繁的交流将自己的想法与价值观传递给大家。这既需要领导者有较强的改造他人意识的想法，也需要领导者有一定的沟通交流的方法。改变他人的价值观，直到改变其行为，这个过程绝对是一种"艺术"。这是沟通的艺术，也是领导的艺术，绝不能简单了之。在这方面，领导者需要下功夫、花精力，而往往缺少经验的创业领导者很容易忽视这个环节，将自己的精力投入一些自以为"更重要""更有价值"的事务中。因为改变团队成员的价值观需要一段时间，需要一个过程，并不会快速见效，这很容易使创业的领导者感到"缺少成就感"，不如在一些业务上取得成效更有价值。

组织行为学对领导力进行的相关调查发现，通常有效率的、成功创业的领导者，在影响下级过程中，几乎都带有一定的"独裁"特征。他们在人格上具有自恋、偏执、武断等特征，更是对下级有过于严格的要求。对这一现象的解释，往往归结于领导者对自己有过高的信心。

事实上，如果领导者对自己缺乏信心，那么必将影响到领导者对下级的影响力。从这个意义上也可以说，缺少自信的领导者是难以带领成员去实现伟大目标的。这一点对创业领导者有很重要的意义。领导者个人的强烈自信，也可以被称为"极度的自信"，是领导者带领团队成员坚持下去，实现创业目标的一个重要因素。因此，这样的领导者认为自己是最优秀的，相信自己的团队是最完美的，并且鼓励下级让他们知道自己是这个工作最合适的人选。这种观念强化到一定程度，必然会表现出一些偏执的特征。

创业活动是一个艰难的过程。在这个过程中，领导者要克服很多阻力与障碍，要有坚韧的意志力。若在工作上没有严格的要求，若对一些工作过程与结果指标缺少高水平的、近乎严苛的规定，则实现成功创业是有难度的。因此，领导者对下级、对自己，若放松要求、过度姑息错误，则是不利于成功创业的。

强势领导者常常会认为自己是最完美的，他们在行为上会有以下几方面的典型表现：对个人的形象与名声非常在意，不允许存在任何瑕疵；取得好的工作结果都是自己领导的成就，是自己优秀的证明；一旦工作结果不好，成绩不佳，则必然是下级难以胜任他们的工作；动辄对下级进行批评、训斥，近乎百般刁难，但对自己却很宽容；讨好"观众"，却不贴近员工，也就是更善于迎合组织外的人，却对组织内的员工毫不在乎；面对专业人士懒于请教，害怕暴露自己的弱点，担心被别人轻视；专业能力不足但表现自大等。这种强势领导者的个人行为表现造成在其身边的人难以与其交流，更多的人不说真话、扭曲事实。

任何现象、任何事物既会存在积极的作用，也会存在消极的作用，强势领导者的风格也会对创业团队有积极的作用与消极的作用。如果强势领导者更多地关注自己的形象与突出个人的作用，往往就会产生不利于创业团队发展的后果。这样的领导者过于在乎自己的声誉，将成功全归于自己的努力，而将失败归于他人的责任。这样的领导者必然难以赢得下级的尊重，也不利于团队的建设，最终会导致人员的流失。但如果强势领导者的关注点更多是放在工作上，严格要求工作过程与结果，则一开始可能会对团队的士气、工作氛围产生一定不利的影响；但在获得初步成果，并能使下级看到这种要求对团队目标实现有强有力支持与帮助后，就能获得大家的认同，甚至使大家对领导者产生尊重。

　　无论怎样，创业领导者要特别注意自己的领导行为是要得到哪种结果，领导力是要促进与推动哪种行为的发展。强势领导者如果希望对组织产生积极的影响，特别是在创业创新团队中发挥积极的作用，那么就必须具有远见卓识，以及对团队形成强势领导力。领导者的积极影响主要表现在三个方面：首先，领导者是创业活动的发起人，也是创新活动的发起人；其次，整个团队的活动是根据领导者的革命性、创造性想法展开的，大家提出解决问题的方案，组织团队活动；最后，领导者的领导力能够引领团队不断向前发展。

　　但在肯定积极效果的同时，也必须注意克服消极效果，领导者的影响力有时会对团队的创新创业活动，甚至团队本身，产生较大的破坏作用。这些消极效果包括：首先，容易产生人际关系方面的问题，对下级的不尊重会伤害下级工作的积极性，导致团队没有凝聚力而是分裂的；其次，缺乏有效的沟通，自己的想法不现实，和他人的沟通不平等，失去了沟通的价值；最后，在局部的成功之后，产生自大、忘乎所以的心态，其实离真正的成功还有很远，距离创新创业目标的真正实现还有很长的路要走。

　　以上的分析与总结，仅仅是对创新创业活动相关的领导者行为与领导力现象研究结果的简单介绍。领导力现象及其相关的规律很重要，但也更复杂，完全认识与掌握实属不易。因此，一个合格的领导者，为了能在创新创业活动中表现出有效的影响力，更需要不断地学习和进步。

企业战略如何快速落地

▸ 镇洋创始人、
  拓源投资创始人
▸ **陈振源**

本文将为大家介绍镇洋这几年总结出的一个管理学理念,被称为 CSO 管理模型,其中 C 是 Culture(文化),S 是 Strategy(战略),O 是 Operation(运营)。CSO 管理模型讲的是在企业管理中,如何把文化、战略和运营相结合并落地(见图 1-1)。

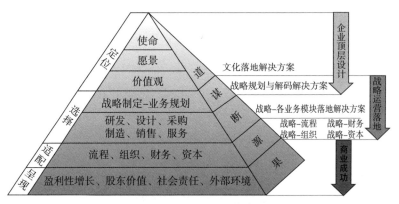

图 1-1　CSO 管理模型

CSO 管理模型是镇洋服务了几百家公司以后总结出来的分析框架。很多创业者觉得企业管理是从战略执行到各个业务模块,比如从企业战略到研发、到设计、到制造、到销售，这一过程是企业管理的流程。但实际上，从战略到流程、组织、财务的落地，才是我们应该学习的基础理论和知识。任正非先生曾经讲过一句话：华为的成功很大部分是组织和财务的成功。事实上他讲出了从企业战略到运营落地过程中，组织和财务的重要性。

一、文化

一个企业的成功，必须要有企业文化的支撑，这里的企业文化包含了愿景、使命、价值观。

愿景是一个企业想要成为的样子，它体现了一个企业家的格局。比如腾讯，在2010年时它的愿景是成为中国最受尊敬的互联网公司；几年后，腾讯的愿景变成了成为最受尊敬的互联网公司，把"中国"去掉了。这里体现了以马化腾为代表的腾讯的格局的升华：这时的腾讯不仅是一个中国的企业，而且还是一个全球化的企业。

使命意味着企业怎样帮助客户，它体现的是企业家的胸怀。马云说，阿里巴巴的使命是让天下没有难做的生意。这实际上体现了以马云为代表的阿里巴巴的博大胸怀。

价值观是企业基于愿景和使命所秉持的一种标准和观念。在企业创立之初，价值观是非常重要的，大家有时认为它很空，但实际上它对规范企业起到很重要的作用。

文化是企业的精神支柱，也是领导者的一个抓手。但要注意的是，领导者必须在文化方面身先士卒、身体力行，也要知行合一，也就是说，想让员工做到，首先领导自己必须做到。比如，如果领导希望团队同甘共苦、一起奋斗，那么像很多创业公司只给员工很少的期权（5%—10%）是达不到这样目的的。

文化是企业的精神支柱，它主要体现在两个方面——自我批判和团结合作。第一个方面是自我批判。自我批判能够将感性的员工和理性的企业运营统一起来。企业运营不可能一帆风顺，在企业遇到很差的外部经营环境时，如果企业领导者能够牢牢抓住文化这个精神支柱，同时把这样的文化精神传递给每个员工，开展自我批判，那么就可以运用这个武器把大家团结起来。

第二个方面是团结合作。任正非有一句话：人感知到自己的渺小，行为才开始伟大。团结合作在当下现代化的企业里是非常重要的。大家都知道一个人的力量是很有限的，不可能做所有的事情，只有团结更多的人，同心协力，才能真正地把企业管理好。

下面举一个简单的例子来说明，在战略落地过程中文化为什么要先行。这是我们之前服务的一家公司的案例，它是一家电商公司，在B轮融资后，企业员工人数快速增长，后进入公司的企业高管来自五湖四海，他们的背景和个性迥异，企业创始人比较包容，害怕冲突，容忍了各个合伙人的独断。但这导致团队之间缺乏信任，沟通也成为公司发展的最大障碍。

这时应该怎样解决问题呢？文化要先行，用文化做基础才能真正地解决好问题。首先，要打开企业创始人的心结，企业创始人必须是文化价值观的第一传承人和第一责任人。其次，要高度统一公司的文化价值观。京东创始人刘强东有一个"废铁理论"：没有能力而且价值观跟公司不符合的员工被称为废铁。在京东，员工首先要摆正价值观，符合公司整体价值观的员工才是有用的；否则，就算你的能力再强也没有用。最后，可以通过组织多次自我批判研讨会等形式的培训，以及多次的团队互动、协作，统一价值观。

通过这个例子想要告诉大家，战略落地文化要先行，因为文化是企业精神的支柱，在统一公司文化的过程中，企业创始人非常重要，他要成为第一责任人，必须亲自抓文化落地。

二、战略解码

大家都知道战略解决的是企业的长期规划问题，即企业要做什么、不做什么。战略解码的第一步是要进行市场洞察。市场洞察需要应用一些分析手段，如宏观环境分析。该分析使用 PEST 模型，它是从政策（Policy）、经济（Economy）、社会（Society）、技术（Technology）等角度分析所在行业的发展趋势以及行业内公司的演变与进化。通过 PEST 模型分析可以了解行业总体的发展趋势、行业内公司的演变过程、行业客户的需求和痛点、行业内的竞争格局，以及公司自身的产品和优劣势等。市场洞察是战略解码非常重要的一步。

战略解码的第二步是实施竞争策略。竞争策略有很多种，包括成本最低和产品差异化等，这些是比较常见的竞争策略。所谓成本最低就是在产品性能差不多的情况下，企业产品成本最低。比如京东电商的发展模式刚开始就是铺货，它的产品和其他电商平台没有任何区别，只是在用成本最低的竞争策略培养用户的消费习惯。后来慢慢地大家发现京东电商也开始做自己的产品品牌，使顾客能够把京东提供的产品同其他竞争性电商平台提供的同类产品有效地区分开,从产品角度实施了产品差异化,这就是产品差异化竞争策略。成本最低和产品差异化是常见的两种竞争策略。

战略解码的第三步是确定战略控制点。战略控制点指企业在长期经营中如何构建自己的核心竞争力。战略控制点从低到高有几个过程:首先是无成本优势;其次是成本优势;再次是品牌优势;最后是制定行业标准。举一个餐馆的例子。位于某小区的一家餐馆就只做红烧鲤鱼这一道菜,但这家餐馆做这道菜没有什么特点,也没有成本优势。这时这家餐馆在生意好的时候能多卖一点,在生意差的时候只能少卖一点。随着业务的逐步发展,这家餐馆慢慢地开始有少量的成本优势,即拿到的原料成本开始降低了,随之它的生意就会稍微好一点。

之后,这家餐馆的红烧鲤鱼有了自己的品牌,相应地还为红烧鲤鱼这道菜加入自己的特色元素,让这道菜变得更好吃,产品开发也开始领先竞品。在这种情况下,这家餐馆的战略控制点就会相对变高。

最后,这家餐馆开始制订行业标准了,行业的领导地位加强,这时我们说这家餐馆占据了一个良好的战略控制点。所以,从无到有,从低到中再到高,大家可以看到战略控制点是逐步上移的,我们要构建的就是这样一个长期的核心竞争力。

此外,我们也可以应用SWOT [Strengths(优势)、Weaknesses(劣势)、Opportunities(机会)、Threats(威胁)]来进行分析(见图1-2)。举一个医疗科技公司的例子,从SWOT分析可以看到,这家医疗科技公司遇到的机会是中国整个市场容量比较大;优势是团队成员比较年轻、目标比较远大、技术相对先进;劣势也比较明显,就是刚刚开始创业,产品种类不多,而且研发周期比较长,产品上市速度比较慢;威胁是产品同质化比较严重,竞争非常激烈,政策风险不可控,同时研发成本高。

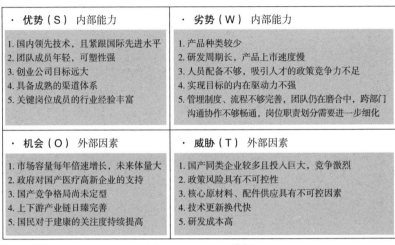

图 1-2　SWOT 分析

我们通过 SWOT 分析进行相应的战略解码,最后输出一张表,就是企业整体的战略控制点(见图 1-3)。这里举一个跨境电商的例子。这家公司的细分市场是欧美高端市场,目标客户主要以欧美客户为主,未来可能会发展日本客户。这些客户的重点需求是性价比,他们之前使用的很多产品都是欧美品牌,但现在追求有性价比的中国品牌产品。那么,该跨境电商的竞争策略就是要保持产品领先,而不是盲目地追求低成本,即逐渐从成本优势切换到品牌优势,要注册商标,要在亚马逊(Amazon)上宣传品牌,到最后成为行业标准的制定者。

细分市场	目标客户（现在及潜在）	客户重点需求	竞争策略	盈利模式	未来5年的目标
目标市场？	当前客户有哪些？潜在客户有哪些？	哪里有需求？为什么你的产品能满足这个需求？	低成本？产品领先？	如何维持盈利？	销售额？利润？市场份额？

图1-3 战略控制点

比如华为公司，未来5年的目标很简单：要成为国内行业第一品牌。要实现这个目标，就必须有一定销售额、利润和市场份额。

以上就是通过实例帮助大家分析怎么做战略解码，怎么一步一步地解析，最终找到战略的控制点，从而为未来的战略落地分解做准备。

三、战略落地分解

战略落地分解是要把战略变成可操作的东西，主要手段包括战略目标的分解和指标的分解。以跨境电商企业为例，可以设计的战略目标是全球市场的品牌化，然后对全球市场的品牌化给出定义，即包括销售额、用户数、品牌影响力、知名度等。

公司有了一个战略目标后，还要有一个战略目标的承接方进行财务、业务、组织和未来成长的分解。总体指标经过层层分解以后，就有了相应的决策和执行的依据。在图1-4中可以看到，从战略解码到部门落地，形成组织绩效，再分解到个人形成个人绩效，实际就是一个完整的战略落地分解的过程。

第一部分 初创企业的顶层设计

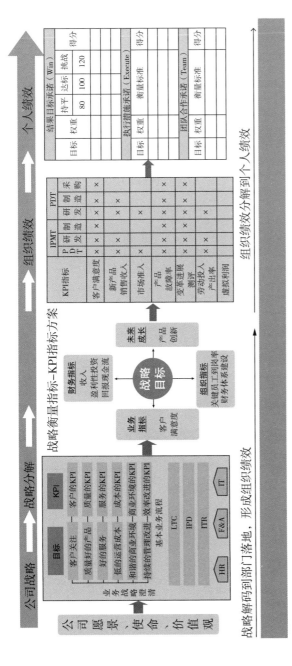

图1-4 战略落地分解的过程

注：图中KPI（Key Performance Indicator）一般指关键绩效指标；LTC（Leads To Cash）是从线索到现金的企业运营管理思想；IPD（Integrated Product Development）为集成产品开发，是一套产品开发的模式、理念与方法；ITR（Issue to Resolved）即从问题到解决，是由华为提出的客户服务体系构建方法和管理流程；HR（Human Resources）一般指人力资源；F&A（Finance and Administration）指财务和管理；IT（Information Technology）指信息技术；IPMT（Integrated Portfolio Management Team）指集成组合管理团队；PDT（Product Development Team）指产品开发团队。

27

四、从战略落地分解到运营

这部分是战略落地分解后最重要的一个环节。从战略落地分解到运营表面看起来是研发、设计、采购、制造、销售等环节的事情,但实际上运营的本质是数据和组织。上面提到了,华为的成功归功于管理的成功,归根结底是财务和人力资源的成功。所以运营最重要的是财务和人力资源。人力资源是组织,财务是数据。战略决定了业务范围,业务范围决定了流程,流程决定了组织形式。而财务是反馈,它是通过将预测企业运营情况和实际企业运营情况作对比来反映战略达到的效果。

想要了解运营,图1-5的内容非常重要。战略落地分解到指标后还有一个过程就是承接。很多的企业业绩不达标,很大部分原因不是战略不能落地分解,而是战略落地分解到指标后不能很好地去承接。

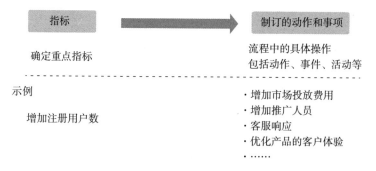

图1-5 运营过程

举一个例子。企业要增加注册用户数,那就需要增加市场投放费用，但市场投放需要推广流程。如果推广流程做得不好就没法达到增加注册用户数的效果。虽然指标规定了增加注册用户数，但实际上并没有达到效果，这里的原因可能是制订的动作和事项与增加注册用户数不匹配，也可能是工作的流程不完善。这就需要企业负责人和各个部门主管运用能力和责任心来解决运营问题。

很多创业者认为中小企业不需要流程，因为客户需求经常在变化，导致流程也在变化。但是，对中小企业而言，客户需求变化，流程就应该随之而变化。要注意这里所说的流程变化，并不是说每一个细小的流程都要变化，而是企业里最主要的流程要随客户需求的变化而变化。企业负责人管理的是从端到端的流程，每个部门主管管理的就是部门之间直接相关的流程。所以，实际上一个公司流程变化的能力也考验了企业负责人及部门主管的专业能力。

举一个例子。一个公司的财务制订的供应商付款流程，实际上考验了企业首席财务官对业务的理解能力。如果业务发生变化，那么公司的付款流程可能需要改变；如果付款流程不需要改变，那么这个首席财务官可能专业能力不行。

从战略落地分解到运营过程中还有一个保障机制——激励机制，就是股权分配。这里主要分享的是股权分配中可能会遇到的问题。比如，企业中很容易出现股权平分、期权池太小、一次性给予股权等问题。这里，以华为的股权分配机制为例。华为的股权分配有几个核心原则：第一，逐步释放股权；第二，老板不停地稀释自己的股权；第三，运用TUP（Time Unit Plan，时间单位计划）股权激励计划，去解决老员工股权沉淀的问题；第四，逐步推行允许老员工保留股票的机制，这平衡了企业现金流和老员工激励政策之间的关系。华为的股权分配机制的设计对初创企业有一定借鉴意义。

在公司上市前，如果创始人持有33.33%的股权，团队持有33.33%的股权，投资人持有33.33%的股权，那么这种股权分配比例相对是比较好的。

之后是"业财融合"。从战略落地分解到运营有很多的环节，激励机制是保障机制，"业财融合"则是反馈机制。很多人会疑惑业务看起来跟财务一点关系都没有，这种理解在某种程度上既是错误的也是正确的。实际上我们要把财务理解为数据，不要简单地理解为报销、付款等单一内容，一个公司财务做得好与坏会影响整个公司的流程。

从图1-6看，最上面一级就是业财一体化的数据仓，包括多层级、多维度、多口径的数据等。通过对流程的掌控，所有的业务流都应该变成良好的"业财融合"的数据流。输入优质的数据流，通过财务数据进行反馈，并修复业务流，实现业财互通，这是一个企业比较理想的状态。很多时候，企业流程不行，导致输入的数据是无效的，那输出的数据也是无效的，这是企业负责人应该注意的问题。

运营过程有一个强大杠杆就是融资。融资要洞察行业的发展趋势，真正理解客户的需求，确保公司的产品和服务具有差异化。这里分享三张图（图1-7至图1-9），它们通过商业计划书体现了影响融资最重要的三件事情。

第一部分 初创企业的顶层设计

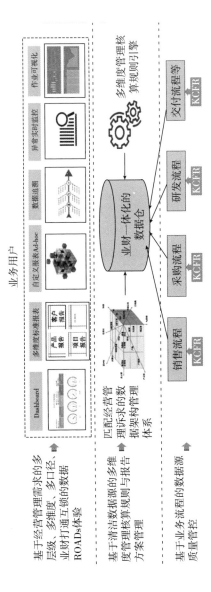

图 1-6 "业财融合"

注：ROADs 体验指实时（Real-time）、按需（On-demand）、全在线（All-online）、自助（DIY）、社交（Social）；Dashboard 是商业智能仪表盘（business intelligence dashboard，BI dashboard）的简称；Ad-hoc 报表就是允许用户（注意是终端用户）自行设计的一种报表，能添加行列、汇总、排序等；KCFR（Key Control over Financial Reporting）指财务报告的关键控制。

31

第一张图（见图1-7）展示行业需求。需要清楚了解行业需求有多大，上下游是怎样的。这个案例是网贷的线上审批流程，它讲了贷前、贷中、贷后的情况，用一张图就可以告诉投资人该行业的需求大小及上下游是怎样的。

第二张图（见图1-8）告诉投资人你的竞品是什么，为什么要选择你。公司的定义是发现客户需求，提供产品和服务，并且取得盈利的企业组织形式。公司用产品和服务去满足客户，隐含的意思是客户会出于一定的理由选择你。图1-8中的案例是一家超级旅游公司，这里就需要分析跟行业竞争对手——传统线下旅游公司、线上旅游公司相比，优劣势在哪里、差异点在哪里。

第三张图（见图1-9）讲清楚企业未来的发展趋势。企业的发展趋势决定了企业未来的盈利。企业的战略从落地分解到运营，最后还是要反映到财务数据上，要告诉投资人，企业未来盈利会是怎样的情况。

商业计划书的这三张图，清楚讲解了行业、战略规划、客户需求以及未来怎样持续盈利的过程。

第一部分 初创企业的顶层设计

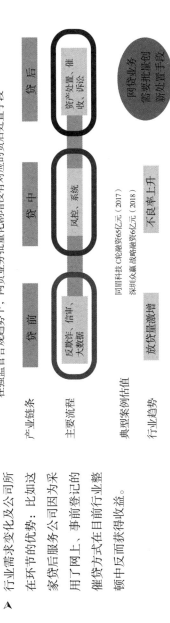

图 1-7 融资（产业链）

▲ 行业需求变化及公司所在环节的优势：比如这家贷后服务公司因为采用了网上、事前登记的催贷方式在目前行业整顿中反而获得收益。

	传统线下旅游公司	超级旅游公司	线上旅游公司
整体收入	70000	70000	70000
固定门店	400（店数）×7（单店租金）=2800	30（服务站数）×20（单站租金）=600	0
人员固定工资	400×3（每店3人）+30=1230 1230×8（人均工资）=9840	（渠道20+营运80+技术5）×15（人均工资）=1575	参照超级旅游公司=1575
人员提成	0	70000×15%×70%=7350	获客成本人均3000元，70000/0.3×0.3=70000
供应商返点	70000×1%+300=1000	70000×1.5%+300=1350	70000×1%+300=1000
运营成本	0	0	0
净利润	70000×15%−2800−9840+1000=−1140	70000×15%−600−1575−7350+1350=2325	70000×15%−1575−70000+1000=−60075
门店成本	高，大量门店租金高	低，一个城市大概有30个服务站点	无
人员成本	高	低，主要为渠道运营、技术人员	低
营销成本	基本无营销	低，营销人员无底薪或有责底薪	保险公司营销方法，获客能力强
获客能力	弱，被动获客	高，人均获客成本3000元	被动获客
渠道优势	折扣返点一般	折扣返点高	折扣返点一般

图1-8 融资（竞品对比）

▲ 您所做的商业模式对产业链的提升到底体现在哪些方面？

	2021年	2022年	2023年
战略目标	√ 全国最大玩具租赁品牌 √ 切入母婴用品租赁市场 √ 开展母婴租赁业务 √ 商场亲子快闪活动全国第一	√ 母婴用品租赁市场第一品牌 √ 开发新奇玩具、新体验模式 √ 开发自有IP的玩具、乐园	√ 开发第二增长级，开拓线上租赁回收/二手市场积分商城以及新型儿童乐园
业务开展	√ 线上业务拓展至10万用户，10个城市 √ 线下业务包含50家实体店，20个母婴品牌入驻平台 √ 每年举办100场快闪活动	√ 线上业务拓展至50万用户，30个城市 √ 线下业务包含200家实体店，100个母婴品牌入驻平台 √ 每年举办300场快闪活动	√ 线上业务拓展至200万用户，50个城市 √ 线下业务包含500家实体店，300个母婴品牌入驻平台 √ 每年举办500场快闪活动
财务目标	√ 收入超过1亿元 √ 净利润约为2500万元	√ 收入超过3亿元 √ 净利润约为7500万元	√ 收入超过9亿元 √ 净利润约为2.3亿元
人员规划	√ 专业服务人员40人	√ 专业服务人员60人	√ 专业服务人员80人

图1-9 融资（战略规划）

➤ 清晰描绘发展目标、业务承接以及人员和财务规划。
➤ 盈利预期会对投资人信心产生较好影响。

五、如何回顾战略

之前部分主要讲解从战略确定到战略落地分解、再到部门运营的过程，这部分讲解如何预测和回顾战略。一个公司如果要想有长远发展，首先就要有一个相应的预测。为什么要有预测呢？预测是对公司资源进行提前分配。公司的定义是去发现客户需求，提供产品和服务，并且取得盈利的企业组织形式。发现客户需求的过程实际上是一个预测的过程。创业者掌握的资源，包括人才、资金及人脉等，只有做好相应的预测，才能分配好这些资源。

那回顾是什么呢？回顾是要针对之前的预测做系统的分析检查，观察之前的预测出现了什么问题，要从回顾中发现是否还有新的机会点出现。

很多中小企业在回顾战略中最容易犯的错误是没有抓住重点，真正好的回顾应该分析清楚战略存在的问题并且找到新的机会点。这件事情说起来容易做起来难，真正要找到企业战略存在的问题，不是靠一天两天的分析就能做到的。

很多中小企业的回顾都是流水账，销售部门、供应链部门、采购部门等汇报部门做了哪些工作，绝口不提部门的目标是什么，现在离目标的差距有多大。这种回顾绝对是错误的。真正好的回顾应该包括部门的目标，现在离部门目标的差距有多大，为什么有这个差距，部门将采取哪些措施达到目标。如果这些措施涉及其他部门，就应该与其他部门提前讨论并给出解决方案。若上级部门及其他部门都同意该解决方案，则回顾才达到了目的。

同时，回顾会还有一个作用就是找到新的机会点。比如，新冠疫情环境下，很多公司的业务都不好，但有些公司的业务反而更好了，就是因为它们发现了新的机会点，这也是回顾应该做的事情。

最后，回顾完战略之后，企业还需要做调整，调整指标、调整事项、调整流程。回顾战略这个环节非常重要，它起到了承上启下的作用，通过不断地回顾战略，调整指标、事项和流程，最后达到完善战略的目的。

本文分析了一个完整的企业管理模型，通过文化来支撑整体战略，再通过战略的解码，到战略的落地分解、运营以及战略的回顾，最终完成整个战略。最后，我希望用一句话来结束本文：我们创业时都应该有自己的信念，信念是我们创业之初最重要的动力和元素。

初创企业的股权管理与股权激励

▶ 股书总裁、
股书学院院长
▶ **杨鸣**

一、寻找合伙人并且完善合伙人之间的股权结构

人生最大的遗憾莫过于"年轻时不懂爱、创业时不懂股",今天我们来聊一聊创业过程中必须了解的股权问题。

在经济周期下行、新冠疫情爆发、"双循环"新发展格局等大的市场环境下,企业创始人面对经济不确定性是新常态。很多创始人的创业过程像钟摆一样,在极度的自信和极度的悲观之间不断地摇摆。创始人很难进行超出自我认知以外的判断,所以在创业过程中要不断提高认知水平。在创业过程中一定要了解以下三个股权问题:第一,如何寻找合伙人并且完善合伙人之间的股权结构;第二,如何牢牢把握公司的控制权;第三,如何设立好股权激励制度,留住核心员工。

创业过程中如何寻找合伙人?如何挑选出和大家一同奋斗的战友?在创业早期,合伙人甚至比商业模式更重要,因为合伙人会伴随创业的整个生命周期,而商业模式在创业的过程中可以不断调整

甚至替换。关于寻找合伙人的问题,我给大家提出五点建议。

第一,合伙人必须具备契约精神,因为契约精神是整个创业生态圈的底层逻辑。大家试想,投资人和我们签了协议之后,就会把几百万元甚至上千万元的投资款打到公司账户上,创始人利用这笔投资款运营公司以及发展商业战略,所以契约精神是合伙人必须具备的品质。在实际生活中,这样的情况屡见不鲜:一些合伙人从上一家公司离职时签了竞业禁止协议,并且拿了竞业禁止赔偿金,但在后续的创业过程中没有履行契约,最后两家公司"闹得不愉快"。所以违反契约精神损人亦不利己。

第二,合伙人之间最好是互补关系,而并非完全在同一领域上重合。在创业初期,人员比较少,资金周转比较困难,所以互补的合伙人能够覆盖不同的领域,能做出更多有利于创业团队发展的贡献。若合伙人的擅长方向在同一领域,往往就会造成在这个领域中互相竞争,竞争的问题会放缓创业团队前进的速度。创业的过程应遵循唯快不破的道理,所以速度更为关键。

第三,一定要找胸怀宽广、志同道合的合伙人。因为创业的过程中创始人会遇到很多关于价值、资金、"舍"和"得"的不同看法,若合伙人在这些层面不斤斤计较,胸怀广阔,善于包容,愿意放弃小的利益,则更有利于企业的发展。

第四,合伙人之间要有相同的价值观。价值观是否相同这个问题,在创业早期销售业绩上升过程中,往往容易被忽略、被掩盖。创业团队遇到像在2020年新冠疫情爆发、经济周期下行、销售不佳、融资不顺畅的环境下,合伙人之间价值观的问题就会凸显出来。价值观不合轻则导致项目停滞,重则导致合伙人反目成仇。

第五，我经常会遇到一些早期的团队合伙人是兼职的情况，对创业来讲，合伙人兼职这件事在逻辑上明显不通。因为创始人、创始团队经常会和投资人描述：我们在一个非常好的赛道，该赛道价值百亿元甚至千亿元，未来会有非常高的估值。然而面对这么好的一个发展趋势，合伙人为什么还要选择兼职来做这件事，为给自己留一条后路吗？显然这是矛盾的。

有的合伙人在原来的工作岗位上能够给新的创业项目带来一些订单，带来一些业绩的发展，我们通常建议把这一类合伙人放在顾问期权范围内，而不要放在主体公司范围内。因为主体公司持股的股东如果是兼职，则未来有非常多的不确定性。从我们服务的客户案例来看，将兼职合伙人的持股份额放在持股平台内是最为可取的。

因此，成功招募一个理想的合伙人，可以提高整个团队的认知水平和能力。

在股权设计层面，寻找到合伙人之后我们还要学习如何进行股权结构的分配。在这方面有两点值得注意。第一，尽量提前做约定。提前做约定是为了进行合理科学的规划，避免以后因理解偏差又无书面文件而产生分歧。第二，如果没有提前做约定，当有新的人员加入公司后，会产生为新的投资人、股东、员工预留的期权池不够等问题，则我们通常使用的方法被称为共同稀释。

处理股权结构、股权分配问题时，也会体现合伙人之间的格局。若合伙人在处理股权结构等问题时不在小的利益上斤斤计较，则这样团队才会走得更远。

为了让股权结构设计得更加合理，需要注意以下几点。其一，主要创始人，也就是公司的 CEO，在保障自己的股权非常安全的同时应该预留股权给未来的投资人，因为投资人需要获得有价值的回报。创始人还要思考如何让其他的合伙人以各自的价值贡献来持股。其二，我们要给创业团队预留出足够的期权池，也就是 ESOP（Employee Stock Ownership Plan，职工持股计划），让后续加入的成员也有机会一起分享价值的空间。股权结构不合理的创业项目不占少数，比如两人创业，一人持股 51%，另一人持股 49%；三人创业，每人各持有 1/3 的股份；四人创业，每人各持有 25% 的股份。这些错误的股权结构都会使控制权失衡，决策力降低，同时这种平均的持股比例势必带来投股比例与个人贡献的不匹配，导致未来收益分配不公平。股权结构设计的核心依据是持股比例要等于价值贡献，大家各自价值贡献不同却持有相同的股份比例，未来一定会产生矛盾。

无论是股权结构设计不合理，还是合伙人质量不好或者劣质股东持股，都可能使好的创业项目产生严重的后果：轻则公司付出巨大的损失并用现金买回股权；重则团队解散、项目停滞。因股权结构设计不合理导致的悲剧在创业的过程中屡见不鲜。

出现了股权问题应该如何解决？第一，应防患于未然，提前去思考股权变化的历史沿革过程中可能会出现的问题，这是防范的根本。第二，如果已经发生了股权问题，那么我们要用最小的成本和风险来处理股权结构不合理的问题，在这个过程中最好寻找专业机构合理规划和处置股权结构。为了不影响融资的进程，创始人应该在融资前把股权的瑕疵处理好。

二、如何牢牢地把握公司的控制权,避免我们的船长下船

什么是公司的控制权?为何控制权如此重要?

在众多的创业案例中,控制权是解决公司决策力和执行力的关键,很多公司因为控制权分散不集中,使很多问题议而不决,很难做出最后的决定,或者即使做出决定,也没有人对结果负责。

公司控制权的失控主要是由股东之间的持股比例过于接近导致的,即没有一个拥有绝对的公司控制权的大股东。又或是公司在融资的过程中,将更多比例的股份稀释给了投资人,使投资人慢慢变成了公司的大股东,进而使创业团队失掉了公司的控制权。那么创业团队如何做到既可获得多轮融资又不失掉公司的控制权呢?我们要通过三条防线来牢牢地把握住公司的控制权。

在了解三条防线之前,我们先要了解一下公司的治理结构。公司实际上是一种三权分立的治理结构:"立法机构"是公司的股东大会,"执行机构"是公司的董事会,"监督机构"是公司的监事会。接下来,我们从控制公司的股东大会、控制公司的董事会,以及通过投资协议拥有公司控制权的角度来讲一讲三条防线。

第一条防线是公司最初的股权结构设计,也就是股东大会的股权结构设计。在创业过程中,如果是两人创业,那么建议主要创始人控股比例不低于2/3;如果是多人创业,比如说四人以上的创业,那么建议主要创始人的持股比例不低于50.1%,也就是大于1/2。这样就在最初的股权结构层面进行了安全合理的设置,因为1/3的持股比例就具备了一票否决权。

如果公司是境外 VIE（Variable Interest Entities，可变利益实体）的结构，则建议这些公司使用 AB 股的方式解决公司的控制权问题。简单来说，公司发行两类股票：A 类股和 B 类股。A 类股每股只有 1 票投票权，发给所有的投资机构；B 类股每股有 20 票的投票权，B 类股只发给创业团队。这样即使公司经历多轮融资、稀释股份比例去融资，也不会破坏原有的创始团队的控制权。

对于内资（人民币结构的）有限责任公司，通常使用持股平台来解决投票权和股权分配比例的问题。持股平台的表现形式是有限合伙企业，有限合伙企业的构成需要 GP（General Partner，普通合伙人）和 LP（Limited Partner，有限合伙人）。有限合伙企业的特点是 GP 在有限合伙企业内只需要持有很少一部分股权就能控制整个有限合伙企业的投票权，所以被广大的创业公司使用，因为它可以通过四两拨千斤的效果把握公司的控制权，同时能将控制权和分红权剥离。设立有限合伙企业后，创业公司合伙人和未来核心员工都是通过这个持股平台的形式来进行后期的股权和利益的分配。

第二条防线是在创始团队不能控制股东大会的情况下，就要退而求其次，通过控制董事会来管理公司的整体运营。举一个案例，阿里巴巴在 2014 年上市时，主要创始人的持股比例不到 10%，而投资机构的持股比例已经达到 32%。那么，在这种持股比例的情况下，阿里巴巴究竟属于谁的？阿里巴巴的合伙人制度保证了主要创始人可以通过控制董事会来控制一家上市公司。阿里巴巴的合伙人制度简单归纳来说有三点内容。第一，合伙人拥有董事会的简单多数提名权。由于公司最重要的立法机构是股东大会，所以董事会行使简单多数提名权时需要股东大会投票表决。第二，如果股东大会对合伙人的提名不认同,那么合伙人可以决定临时过渡董事会的名单。前两条加在一起的意思就是,要么通过合伙人推荐的董事会名单,要么就由合伙人指定专人来进行董事会的(临时过渡)管理。第三,修改这项决议需要 95% 的股东通过。这三条加在一起就牢牢控制了董事会,进而控制了一家市值几千亿美元的公司。

第三条防线主要针对未上市的创业公司,也就是一级市场的这些企业,它们还可以利用投资协议来把握公司的控制权。通过投资协议中各方认同的投票权条款,创始人在约定时间内代替投资人行使一定比例的投票权(以时间换空间),再通过后期的业绩提升、现金流的增长,从投资人手中回购股权(掌控公司投票权)。在不得不稀释股权融资的情况下,创始人通过投资协议的特殊约定,"借权投票"可以暂时性地解决公司控制权失控的问题。

上述三条控制权的防线对于创业公司的发展尤为重要。创始人要有控制权的意识,在不断地融资、股权稀释的过程中找到适合企业发展的方法。方法总比困难多,在遇到关键问题时,要找到专业机构鼎力相助,帮助解决创业过程中的关键问题。

三、如何设立好股权激励制度,留住核心员工

在创业的过程中,项目做强要靠团队,做快要靠资本,做久要靠品牌,做壮要靠激励。在创业过程中了解一些关键的要素很重要。

初创团队要寻找到一个好的赛道,而好的赛道有一些标准,即市场足够大、场景足够新、对标必须有。这个对标能帮助我们做什么呢?帮助我们聚焦、创新。在寻找创业方向、搭建创业团队的过

程中，切记要选对人、强激励、抓执行，这些在创业过程中非常关键。

组建创业团队时，创始人应该遵循：选人要准、用人要狠、管人要严、激励要强。所以接下来重点讲团队和激励。在这个过程中，股权的动态管理和人才持续激励是实现团队管理的最佳效果。

我们知道激励核心人才需要有期权池，对于一个初创公司，期权池究竟多大才比较合适呢？

我们从四个维度提出一些标准和参考。第一个维度，要考虑主创团队和创业成功率高低的关系，分别举两个案例。其一，创始人是从国外回来的基因工程学博士，有一些自己发明的专利可以进行商业化的落地。像这样创业项目的主创团队的期权池相对可以规模小一些。其二，美国的 SpaceX（太空探索技术公司）是一家做航天火箭研发的民营企业，需要大量的高科技人才、工程师，这样的团队一定要有相对比较大的期权池。所以以上两个不同维度、不同范围的初创公司的期权池相对项目自身因素来讲都是合理的。

第二个维度，要考虑创业行业的特点。如果是信息技术、数据领域的行业，那么初创公司一定要建一个比较大的期权池，因为企业需要有更多的核心人才；如果是传统的、非科技领域的行业，那么初创公司相对可以建一个小的期权池。

第三个维度，要考虑创业的地点。因为地点决定人才的稀缺程度和未来掠夺人才的强弱程度。在北京、上海、广州、深圳、杭州这些核心创业地带，初创公司需要选择比较大的期权池；中小城市的初创公司可以选择比较小的期权池。

第四个维度，要考虑激励的人才类型。如果激励的是那些核心的研发技术人才、创收人才，那么初创公司的期权池相对要大一点；如果激励的是后勤支持部门的人才，那么初创公司的期权池可以相对小一些。

我们可以根据以上四个维度判断初创公司期权池预留的规模。此外，公司从创建一直到二级市场上市过程中，不一定需要一次性预留好期权池，在后续的发展过程中可以再进行一轮稀释，再增加激励计划。在上市之前可以进行多次稀释，有多个激励计划。很多创始人在实施股权或者期权的激励时"踩"过一些股权方面的"坑"，所以很谨慎，一直不敢发股权，将100%的股权都掌握在自己手里；还有一部分创业者完全效仿其他公司的发放股权的经验，发完以后才发现错发的这部分股权收不回来了。

发放股权存在两类问题——一类是一发就乱，另一类是一管就死，出现这两类问题都是在激励方面用了错误的方法。

那么股权的动态管理应该怎么做呢？从股权动态管理角度出发，我们必须了解激励不是一步到位的，它是伴随着企业的生命周期、在不同的发展阶段、针对不同的激励人群而相应设计和实施的。每一次激励所解决的问题和诉求都会有所不同，激励的方法也会有一些差异，所以一定要考虑股权动态管理。想要做好股权动态管理，我们要筛选确定授予人员的范围、数量，并根据时间、业绩、绩效等要素的更新情况设定成熟机制，最后设立好退出机制。好的退出机制会让期权池不断地进行流动更新，离开公司的员工持有的（早期价格的）股权，会通过公司回购再次回到公司整体的期权池里，以备发给后续新加入的核心员工，所以期权池永远是流动的、动态的，它不是一潭死水。

创始人经常会问：公司在什么阶段做股权激励比较合适？总体而言，没有一个公式化的答案告诉大家必须在哪个阶段做股权激励。在不同阶段，公司的股权激励可解决不同的诉求，达到配合支持战略发展的意图，所以在哪个阶段做股权激励都合适，关键看公司的股权激励要达到什么诉求和意图。

所以，我们可以围绕创业阶段，把股权激励拆分为四个阶段。

第一个阶段，是初创阶段。初创阶段的股权激励实际上解决的是合伙人之间的股权分配问题。合伙人的股权分配哪种是正确的？哪种是错误的？遇到错误应该如何解决？这部分内容我们在前面已经讲到。

第二个阶段，是在建立团队的阶段。早期员工就是以一当十地被使用，但是到了后期有了融资之后必须建立起团队，这个时候股权激励实际上是配合着现金形成一整套的福利包，用福利包进行激励。福利包可以节约现金，给员工更好的未来，让员工愿意全情投入工作，和公司一同努力共担风险。

第三个阶段，是公司在 B 轮融资前后，快速发展的阶段。在这个过程中，因为商业模式已经确立了，我们需要考虑建立人才的防火墙，避免核心人才被竞争对手挖走。如果你的公司是这个领域里的第一名，那么你的竞争对手一定会盯住公司的核心人才。因为把核心人才挖过去之后，竞争对手就会加快追赶速度、降低试错成本。而公司发放股权激励是为了能够留住更多的人才，把核心人才和创业团队紧紧地捆绑在一起。

第四个阶段，是 Pre-IPO（首次公开募股之前，也叫上市之前）融资的阶段。在企业估值不断增长的时候做股权激励，有利于员工实现和提升自身的价值。最好在首次公开募股之前处理好股权激励的事情，不要把疑难的"病症"留到上市以后处理，因为上市以后处理的成本会更高。所以在上市之前就要设计好整个激励的方案，使其不影响首次公开募股的进程。

因此，不同创业阶段中的股权激励发挥的作用都不一样。还需重点强调的是，每一个企业的员工DNA（基因）不同、发展阶段不同、路径不同、融资周期不同，所以在股权激励过程中不能简单地去效仿其他公司的方法，从其他公司拿了一纸协议照抄来做股权激励是错误的。这会给创业公司在发展过程中造成巨大的不确定性，甚至做不好就会形成一个"大坑"，让创业公司在这个过程中受到极大的损失。

股权管理既有科学性，又有艺术性。我们所讲的这些方法，多数是从科学角度帮助创业者做好提前的思考和规划。股权管理的艺术性能让创始人在不同的利益链中找到协同点，这是股权管理的核心要素。

创业公司"股权社稷"的基本原则

> 北京市时代九和律师
> 事务所合伙人
> **苏仰平**

创业者总是喜欢关注别人是怎么取得成功的，很少有人关注别人是怎么失败的。但在信息网络快速发展的时代背景下，初创企业的先发优势变得尤为重要，所以即使顺着他人成功的道路再走一遍，终点也不一定是成功。因此，学习他人的成功经验固然重要，但从失败中汲取教训更为可贵。本文将遵循这个思路，从诸多失败案例中分析股权设计需要遵循的基本原则。

一、无度的一票否决权乃股权设计之大忌

ofo 从巅峰走向没落的过程中，一票否决权究竟发挥了什么样的破坏作用？相信很多人都关注过摩拜单车和 ofo 之间的商战，但多数人只看到美团收购摩拜单车后，摩拜单车创始人坐收上亿元的股权转让款华丽退出，而很少有人关注 ofo 是怎样一步步地从巅峰走向没落。

我们先来复盘一下 ofo 在短短几年内经历了什么。2014 年，ofo

正式宣布成立；2015 年，ofo 完成天使轮的融资，首创全球"无桩共享单车"的经营模式；2016 年，ofo 完成 pre-A 轮、A 轮、B 轮、C 轮融资；2017 年，ofo 完成 D 轮融资，蚂蚁金服领投的 D+ 轮战略融资以及阿里巴巴领投、滴滴跟投的 E 轮融资；2018 年，ofo 完成 E+ 轮融资。在短短 4 年时间里，ofo 获得了数十亿美元的融资。

但在高调宣布多轮融资的同时，我们注意到，ofo 几乎在每轮融资时都会给投资方设置重大事项的一票否决权。2018 年 ofo 完成融资后，包括阿里巴巴、滴滴、ofo 初创团队在内的五个股东均持有一票否决权。在 ofo 陷入困境时，被一票否决的事项包括：摩拜单车抛出的合并方案、滴滴抛出的收购方案、阿里巴巴抛出的接管方案等。所以，ofo 不是没想过要自救，但自救方案一经提出就会被持有一票否决权的股东"枪毙"，每位股东都从自己的立场出发，必然导致 ofo 在自救决策上形成僵局。

所以不分场合、不加限制的一票否决权本身就是股权设计中的大忌。初创企业在给投资人设置一票否决权时，一定要注意以下两点：一是要谨慎设置一票否决权；二是在设置一票否决权时，一定要限定一票否决权的行使范围和行使条件。一般来讲，涉及初创企业经营理念、经营管理、未来融资、人才引进等事项，尽量不要给投资人设置一票否决权，这样可以保证初创团队在企业未来的融资和发展上享有绝对的经营自主权。但是，在改变创业领域、创业资金的用途、初创团队股权管理，以及处置企业核心资产等事项上，可以合理地、适当地赋予投资人一票否决权，以保障投资人监督以及参与决策的基本权利，切勿为了引入投资而滥用一票否决权。

二、先小人而后君子

"先小人而后君子"就是要求创始合伙人在创业前先约法三章，特别是要明确创业的退出机制。在生意场上别说兄弟，甚至连夫妻都有可能反目成仇。

我们先来看一个知名电商网站的发家史。20世纪90年代，故事的男主角与女主角因电商梦而结缘，某电商网站的传奇故事也就此正式拉开序幕。在创业初期，夫妻之间相濡以沫，为了节约创业成本甚至连一个发货的工人都不舍得雇。随着夫妻二人用心经营，该电商网站很快就进入了快速上升期：2000年，该电商网站首次获得风险投资；2004年，该电商网站获得了第二轮风险投资并且拒绝了来自当时的寡头——亚马逊网站的并购请求，而这时该电商网站的竞争对手京东才刚刚开通电商平台，日订单量不超过100个；2005年，该电商网站开通了时尚百货频道正式向综合电商转型；2006年，该电商网站获得第三轮风险投资，此时它的竞争对手日订单量才刚刚稳定在500个左右。

这是一个多么好的开局，竞争对手都还在萌芽期的时候，该电商网站已成为电商界的"巨头"了。就这样，夫妻二人一路打拼，成功打造了一个电商帝国，缔造了"纸书"销售的神话。但后来夫妻之间感情出现问题，该电商网站也开始慢慢走下坡路了。随着夫妻关系的不断恶化，该电商网站创始人之一直接被"扫地出门"，并上演了"夫妻隔空互撕""创始人破门抢章"的闹剧，该电商网站的发展也因此受到严重影响。一句话总结：成也夫妻，败也夫妻。

没有终点的创业不是好的创业。所以,在创始人共同打天下前,建议约法三章,特别是针对退出机制的约定。假想未来可能"分道扬镳"的各种方式,并有针对性地设计股权回购条款。当一定条件成熟时,由创始股东以一定价格回购退出股东所持有的全部股权。在设置股权回购条款时,需要注意两个基本内容:第一个内容是股权回购的触发条件;第二个内容是股权回购的价格。

(一)股权回购的触发条件

股权回购的触发条件一般可以约定为如下几点:股东不再参与初创企业经营管理活动时,其所持股权要被回购;股东无法完成业绩承诺时,其所持股权也可以被回购;股东身故或丧失民事行为能力即该股东不能再参与初创企业的管理和经营活动时,其所持股权也要被回购;股东从事有损初创企业利益的活动或者从事与初创企业形成竞争关系的活动时,因为初创企业本身就很弱小,所以必须以回购股权方式把该股东排除在外。

同时我们还可以根据初创企业的特点和发展方向,约定其他触发股权回购的条件,以保证初创企业的股权结构相对健康和完整。

(二)股权回购价格

股权回购价格可以约定为固定价格,也可以约定为可变价格。比如,股权回购价格随着持股时间的增长按照约定比例而不断递增;还可以约定无对价或低对价的股权回购,以示惩罚。股权回购价格主要取决于初创公司回购时的价值、未来发展的趋势,以及股东取得股权时的原始对价。

这里要提醒大家，天下没有不散的筵席，但对于初创企业来讲，"好合好散""以和为贵"才是"生财之道"。因此我们需要事先约定一个相对完善的退出机制，以保障将来分道扬镳时能"好合好散"。

三、权，患均沾而不患独；利，患不均而不患贫

"权，患均沾而不患独；利，患不均而不患贫"。这句话告诉我们在设计股权结构时，股权的表决权应相对集中，而股权的收益权应相对分散。在创业初期股权的表决权不宜分配得过于平均，用极端的话来说就是宁可一家独大，也不能三足鼎立。在实践中往往有创业者在两方一起创业时就选择五五平分股权，三方一起创业时就每人拿1/3的股权。这种平均分配的方式很容易导致股权分配过于分散，而过于分散的股权结构容易导致在重大决策上哪个股东都做不了主，出现"群龙无首"的问题。

同时，这样的股权结构也很难吸引投资人进行投资。投资人虽然看好创业团队、创业思路、创业项目、创业公司，但根本不知道跟哪个股东谈判，甚至还有可能在谈判过程中被迫帮助创始股东协调内部矛盾；即使股东之间可以和谐相处，但在创业初期也难以形成高效的决策机制。因此，在设计股权结构时要注意把股权的表决权和收益权分开，股权的表决权要相对集中，但收益权要分配均匀，通过让渡收益权以聚人心，通过集中表决权以确保初创企业的决策效率。在股权分配这个问题上，千万不要意气用事，拍脑袋平分股权。

股权集中的标准是什么?股权集中用什么来衡量?这里有两个判断标准,被称为两道"鸿沟",即对公司股权上的相对控制和绝对控制。所谓对公司股权上的相对控制指单独或合计持有过半数表决权可以单独决定公司经营中的一般决议事项,诸如高管任免、经营决策、财务预算等;所谓对公司股权上的绝对控制指单独或合计持有公司三分之二以上表决权可以单独决定公司的重大事项,比如合并、分立、增资、减资、解散、修改公司章程等。

持有公司重大事项表决权的股东一般可以决定事关公司生死存亡的重大事项,即使经历了很多轮融资,像京东、阿里巴巴的创始人仍对核心业务板块保持着绝对控制权,也就是持有三分之二以上的股权的表决权。所以不要轻易迈过公司股权控制的这两道"鸿沟",丧失对公司的控制权。

图 1-10 是因股权结构较为分散导致公司陷入僵局的一个经典反面案例。该公司最大的股东有国有背景,持有 34% 的股权;所有民间资本持股比例之和为 66%,最小的股东仅持有 2% 的股权,其余股东持股相对平均。那么,按照刚才两道"鸿沟"的判断标准,该公司不存在绝对控股股东,而国有股东 A 持有 34% 的股权,显然既无法直接控制公司,也无法就公司的重大事项进行决策。表面上民营资本和国有资本之间形成了制约关系,但国有股东 A 在重大事项上享有一票否决权,公司经营过程中的问题也正出现在这里。在公司融资过程中,有意向的投资方根本不知道找哪个股东谈判,股东之间在引入投资方的问题上也很难达成一致。虽然先后采取了收购小股东股权、签订一致行动协议等诸多自救措施,但在融资问题上,仍然无法形成三分之二以上的多数决议,这就导致公司成立

1年内没有取得新的融资,最后甚至因股权过于分散导致该公司的解散清算都无法顺利进行。所以,初创企业切忌股权过于分散。

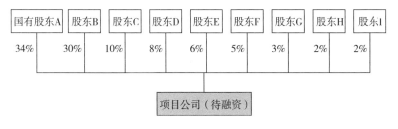

图1-10　股权结构示例

关于如何做好股权设计、控制好公司的表决权问题,我介绍几个初创企业可以使用的办法。比如,初创企业可以通过签订一个或多个协议的方式将股权的表决权与收益权分离。这种常用的协议有股权代持协议、一致行动人协议、股权决策权协议等。通过这些协议,股权的实际持有人自愿将所持有股权的表决权让渡给公司的实际控制人,由实际控制人代其他股东行使股权的表决权。在不改变股权权属的前提下,股权的实际持有人仅保留股权的收益权和处分权,受让渡表决权的股东自然获得了更多的表决权,以此来集中表决权。

比如,在激励高管和核心员工时,可以通过只让渡股权收益权而保留股权决策权的方式来达到控制公司表决权的效果。这种方式一般被称为虚拟股权激励。公司分红时,被授予虚拟股权的主体可以拿到相应的分红,获得分红的收益;而被授予虚拟股权的主体没有股权的所有权、表决权、处分权,不能转让或出售股权,不能参与公司的任何决策,并且虚拟股权的收益权在员工离开公司时自动失效。这种模式是实现员工个人利益和公司利益相互捆绑的较为简单的操作方式。

再比如,巧妙地利用有限合伙企业也可以起到剥离股权的表决权和收益权的作用。有限合伙企业中有两类主体:一类是普通合伙人;另一类是有限合伙人。普通合伙人要对合伙企业承担无限连带责任,有限合伙人以其认缴的出资额为限对有限合伙企业承担有限责任。有限合伙企业由普通合伙人负责执行合伙事务、对外从事经营活动;有限合伙人对有限合伙企业的事务仅享有建议权而没有表决权。也就是说,在处理有限合伙企业事务时,普通合伙人说了算。因此,我们可以利用有限合伙企业这个特点,来剥离股权的表决权和收益权,以有限合伙企业为平台来聚拢相应股权的表决权。

四、拒绝被律师"绑架"

拒绝被律师"绑架",其实严格来讲不是股权架构的问题。经常有初创企业的创业者抱怨:"我是公司的经营者,我不但要给我的员工打工,我还要给律师打工,律师说怎么做我的生意就得怎么做。"这是一个普遍存在的错误观点。因为律师应当是为企业提供法律服务的,而不是阻碍和左右企业发展的。除了一些法律明确禁止的界限不能逾越,无论是《公司法》还是《民法典》,都赋予了公司经营者很大的经营自主权和经营决策权。这些法律规范希望初创企业在法律的框架范围内,找到最适合初创企业的治理结构和经营模式。

比如,新浪独创的红筹模式,也就是可变利益实体(VIEs,

Variable Interest Entities)——虚拟股权的架构,是为了保障新浪能够顺利在海外上市而为新浪量身设计的股权架构。红筹模式被新浪首创成功以后,在其他海外上市公司得以广泛运用。再比如,百度和京东的 AB 股模式、阿里巴巴的合伙人制度等,都是律师服务企业、尊重企业管理者意愿的最好表现。

所以,律师应该负责把握好法律明确禁止和创业者自主选择的边界,并尽可能地通过法律赋予的空间,在法律的框架内找到一个恰当的能帮初创企业解决问题的方法。比如,有限责任公司的股东可以不按照其出资比例来分配利润,而在股东之间实行按劳分配;再比如,有限责任公司的股东可以不按照出资比例行使表决权,而按照股东一人一票的方式来行使表决权等。所以一个好的律师应该试着了解初创企业的需求、所处的行业背景、交易模式、在谈判过程中话语权权重等问题,为企业提供"定制化"的法律服务,赋予初创企业更多的可选择空间,而非要求初创企业循规蹈矩、墨守成规,限制企业创新。

最后,在初创企业的创业初期,很多团队为了节约人力成本,往往会选择一专多能的人才。如果一个律师不光精通法律专业,还能涉猎一点跨专业、跨学科的知识,那么对初创企业或将更加有利。

第二部分

成功创业的基石
——产品与商业模式

创业 CEO 的产品思维

▶ 追云科技
  创始人
▶ **尹志强**

一、CEO 要有产品思维

观察商业发展的历史可以得出一个简单的观点：好公司等于好产品。下面我们举两个案例证明这个观点。

第一个案例是索尼（Sony）公司。20 世纪 70—80 年代，索尼公司连续推出大量优秀的产品，并且都取得了巨大的成功，这使得索尼公司成为 20 世纪全球比较成功的企业。其中，Walkman（索尼公司生产的一种个人随身音乐播放器的通称）成为音乐行业最经典的产品之一，另外一个产品是 PlayStation（索尼互动娱乐有限公司设计和销售的家用游戏机）。直到今天，它们依然是索尼重要的收入来源。但几十年过去了，索尼公司没有再推出好产品了，因此，索尼公司当前面临着很大的挑战。

第二个案例是苹果公司（Apple Inc.）。2000 年，史蒂夫·乔布斯（Steve Jobs）推出了 iPod（苹果公司设计和销售的便携式多功能数字多媒体播放器）。iPod 接替 Walkman 成为音乐行业最成功的产品类型。

2007 年，乔布斯又推出了 iPhone（苹果公司于 2007 年 1 月 9 日开始发售的搭载 iOS 操作系统的系列手机产品），开创了整个移动互联网时代，而且现在的年轻人玩游戏，更多使用的是手机而不是 PlayStation 了。通过两个案例的对比，我们发现，在音乐行业 iPod 替代了 Walkman，在游戏行业 iPhone 替代了 PlayStation。这也是为什么苹果公司会替代索尼公司，成为一家更优秀、更伟大的企业的原因。

在企业内部我们发现一个规律：产品部门是整个企业的核心。在创业企业中，这个特点尤为明显。所有的部门，包括营销、人事、技术和财务都需要给产品部门提供帮助。创业企业主要依靠产品来维持竞争力，如果产品部门的负责人去找 CEO 抱怨，那么 CEO 批评的很可能是其他部门。因为这些部门没有帮助产品部门解决问题，没有帮助公司实现价值。甚至可以说，其他部门都是为产品部门提供服务的。

所以，乔布斯说，市场需要一种以产品为导向的文化，在技术公司也需如此。许多公司拥有大量杰出的工程师，但最终要有一种引力把整个企业凝聚在一起，这个引力来自企业的产品。产品就像太阳一样成为整个公司的核心，而其他职能部门就像行星一样，围绕着产品这个太阳旋转。

产品是企业的生命。图 2-1 展示了两个人在给三棵树浇水的情景，在他们的精心呵护下，这些树慢慢长大了，结出累累果实。有趣的是，这些果实的形态是金币。

图 2-1　产品的重要性

图 2-1 非常形象和生动地说明了企业、员工和产品之间的关系。三棵树象征着企业的产品,其中最大的这一棵树是企业的核心产品,也是企业竞争力最强的产品,其他两棵树是竞争力稍弱的产品。两个人象征着企业的员工,他们在用自己的心血打造好的产品。金币象征着企业、员工和产品所创造的价值,这些价值反过来会帮助企业实现持续增长,帮助员工实现人生价值。

所以乔布斯说:我只赌产品,只要产品好,用户就会喜欢;用户喜欢了,就一定会购买,我们就能赚钱。

产品是企业的目的。一直以来,我们都以为产品是为企业服务的,其实这个观点是错误的。我们把这一点搞反了。乔布斯说:我创建企业的唯一目的只是为了产品,企业只不过是手段。

我们举一个案例来说明这一点。埃隆·马斯克(Elon Musk)有一个伟大的愿望,那就是登陆火星,甚至想在火星上离开这个世界。虽然这个愿望看起来遥不可及,但是马斯克把这个愿望拆分成很多个任务,每个任务都需要研发一个相应的产品,从而使这个愿望成真。

为了解决航天发射问题，马斯克研发了一款火箭，而负责研发火箭的企业就是他于 2002 年 6 月建立的美国 SpaceX（太空探索技术公司）；在火星上，传统汽车无法行驶，为了解决汽车行驶问题，马斯克又研发了电动汽车，负责研发生产电动汽车的企业是 Telsla（特斯拉，是一家由马斯克担任 CEO 的新能源汽车公司）；为了在火星上实现长途运输，马斯克又研发了地下轨道交通，负责开发地下轨道交通的企业是 Hyperloop One（美国超级高铁公司）；在火星上没有能源，只能使用太阳能，马斯克随之又推出了太阳能产品，负责研发太阳能产品的企业是 SolarCity（一家美国专门发展家用光伏发电项目的公司）。完成登陆火星有多少个需要的产品，马斯克就相应成立多少家生产相应产品的公司。每一个生产相应产品的企业都被他注册为一家公司，这家公司的任务就是要成功地推出这个产品，而所有的产品组合在一起，就是为了实现登陆火星的伟大愿望。

通过这个案例可以发现，正如乔布斯所说，产品才是目的，企业只是手段，企业是为完成伟大的产品而服务的。马斯克拥有和乔布斯一样极致的产品主义理念，因此他才能成为一个伟大的企业家，才能成为乔布斯衣钵的真正传人。

二、CEO 与产品经理

我们通常认为，产品是产品经理负责的事情，只要找到一个优秀的产品经理，就一定可以推出成功的产品。这个观点是错误的。

实际上，CEO 对一个产品有至关重要的作用。我们可以把 CEO 与产品经理的关系划分为四个阶段。

第一阶段，CEO 是产品经理的老板。这里我们举乔布斯和约翰·斯卡利（John Sculley）的案例。

20 世纪 70 年代，乔布斯创建了苹果公司，并取得了商业上的巨大成功，公司很快上市。然而，董事会不认为乔布斯具有成为 CEO 的管理能力。于是，乔布斯找到了当时担任百事公司总裁的斯卡利。斯卡利的成就当时在美国的企业界如日中天，他刚刚带领百事公司举办了一系列优秀的营销活动。乔布斯对斯卡利说：想一辈子卖糖水，还是跟我一起改变世界？他用这句非常经典的话说服斯卡利加入苹果公司担任 CEO。

一开始两人的关系非常融洽，但是很快就出现了裂痕。因为两个人的观念发生了冲突：乔布斯是一个产品经理，他的关注点是如何推出伟大的产品，而斯卡利的关注点是如何带领苹果公司取得商业上的成功。乔布斯认为，当时的 Apple II（苹果公司的个人电脑品牌）已经过时了，他要开发新的伟大产品 Macintosh（苹果公司的个人电脑品牌）。

乔布斯以董事长的身份把公司的大量资源投入 Macintosh 的研发上。乔布斯甚至说：我们要放弃 Apple II 产品线。在斯卡利看来，乔布斯的这个观点是非常危险的。斯卡利对乔布斯说：公司唯一的现金收入来自 Apple II，我们不能放弃 Apple II 产品线。于是斯卡利和乔布斯的分歧不断尖锐化、公开化，董事会被迫在两人之间做出选择。最后的结果是乔布斯被撤销了产品经理职务，只保留了董事长头衔。乔布斯非常不满这个决定，并且卖掉了苹果公司的所有股票转身离开。他再次回归苹果公司已经是 12 年之后的事情了。这是一个失败的案例,从这个案例中,我们会发现产品经理的特点是极其自我,作为 CEO 必须要对产品经理有足够的包容性。

第二阶段,CEO 是产品经理的伙伴。这里我们举 Netflix(奈飞,一家会员订阅制的流媒体播放平台)的案例。Netflix 前任 CEO 是里德·哈斯廷斯(Reed Hastings),第一任 CEO 是马克·兰多夫(Marc Randolph)。很多人并不了解兰多夫,他是哈斯廷斯在 20 世纪 80 年代的同事,他们在通勤路上讨论发现了 Netflix 的商业模式,于是寻找创业途径。当时哈斯廷斯以投资人的身份参与进来,兰多夫成为 Netflix 的第一任 CEO。

兰多夫是一个典型的产品经理,他说:一开始会有非常多繁琐的事,当有 100 件事情出现时,则需要挑选出你会的 3 件事,这 3 件事是我真的很擅长的事情,然而剩下的 97 件事就是我不擅长的。所以,当 Netflix 在商业上越来越成功时,兰多夫发现自己越来越不适应 CEO 这个职位,于是就邀请哈斯廷斯出任 CEO,自己做产品经理。这个成功的案例告诉我们,产品经理的特点是要专注和聚焦,而 CEO 就应该全力地支持产品经理。

第三阶段,CEO 是产品经理的知己。这里我们举阿里云的案例。2009 年,马云认识了王坚。王坚告诉马云,阿里一定要做云计算,马云也认为王坚的判断是正确的。但是当时阿里巴巴的所有高管都反对马云的这个决定。他们认为王坚不懂技术,不会写代码,有的高管甚至当面说王坚是个骗子。后来马云回忆说:两拨人在我办公室里争论,公司就像要分家似的。最要命的是我也不懂他们在争论什么。王坚说他知道大数据的方向,我信任他。如果该项目失败了,那么这钱白花了,也没关系。这是战略。阿里巴巴每年给阿里云投资 10 亿元,投 10 年,做不出来再说。如果没有马云巨大的信任和支持,没有王坚带领的优秀团队,就不会有阿里云今天取得的巨大成就。中国有句话叫"士为知己者死"。马云和王坚的关系是成功的 CEO 和产品经理的关系。

第四阶段,CEO 就是产品经理本人。这里我们举 Facebook(脸书,美国社交网络服务网站)的案例。Facebook 在创业初期只有一名员工,就是马克·扎克伯格(Mark Zuckerberg)。扎克伯格既是创始人,又是 CEO 和产品经理,还是唯一的程序员。扎克伯格每天都会想:什么样的产品更受大学生的喜欢?一旦他想到了,就立刻开始编写代码,并且把这样的产品放到 Facebook 的网站上去。

扎克伯格回忆说:我想告诉你一个秘密,没有人从一开始就知道如何做,想法并不会在最初就完全成型。只有当你工作时才会变得逐渐清晰,你只需要做的就是开始。通过这个案例我们会发现,几乎所有的产品经理都热爱自由,但是当产品经理本人就是 CEO 时,高度的自律是非常必要的,只有自由和自律两者充分的结合,才有可能诞生一个伟大的产品。

三、创业机会

创业机会对于成功创业至关重要,迅速判断并抓住创业机会,是创业 CEO 的必备能力。用产品进行创业有几种不同的方式。

第一种方式是模仿借鉴、学习先进技术。这里我们举施乐公司(Xerox)的案例。

借鉴是一个听起来比较官方和委婉的说法，换个表达方式就是"抄袭"。实际上，很多成功企业家都做过"抄袭"的事情。20世纪70年代，施乐公司的帕克研究中心推出了世界上最早的图形用户界面，它们还发明了鼠标。乔布斯和比尔·盖茨（Bill Gates）听说这个消息后就去帕克研究中心参观。当看到图形用户界面的时候，乔布斯兴奋得像个孩子一样。他回到苹果公司后，很快就模仿施乐的产品研发出了Apple Lisa（苹果公司发布的世界首台图形界面计算机，以乔布斯长女名字命名），也就是Macintosh的前身。比尔·盖茨同样也效仿学习了帕克研究中心的图形用户界面，推出了Windows［美国微软公司（Microsoft）研发的操作系统］。现在大家普遍使用的Macintosh和Windows，其实都来源于施乐公司的帕克研究中心。

乔布斯发现微软公司推出了Windows后非常愤怒，威胁要起诉微软，后来此事不了了之。比尔·盖茨曾经这样对乔布斯说：我们都有个富有的邻居，叫施乐，我闯进他们家准备偷电视机的时候，发现你已经把它盗走了。

像这样去借鉴其他优秀产品的成功案例比比皆是，这方面做得较好的是王兴。他借鉴了Facebook、Twitter（美国社交网络及微博客服务公司）和Groupon（美国的一家团购网站）的成功经验，并最终成就了美团。

第二种方式是洞察事物，解决问题。这里我们举发明微波炉的案例。

珀西·斯宾塞（Percy Spencer）是美国雷神公司（专门生产军用装备，特别是雷达的企业）的一个工程师，他发现在雷达旁边工作时兜里的巧克力会融化。他觉得很神奇，经过研究发现是雷达里面的微波让巧克力融化的。

基于这样一个原理，斯宾塞迅速地研究并推出了全世界最早的微波炉。因此乔布斯说：我认为艺术能洞察身边的事物，把事物用一种前所未有的方式组合起来，然后想办法解释给其他没有洞察到这些的人。艺术是这样的，做产品也同样如此。

第三种方式是利用行业经验，想透发展模式。这里举纪昌学射的例子。

古代有一个著名的射手叫作纪昌，他跟着老师学射箭。他的老师让他把一只虱子绑起来，挂在窗户上，每天盯着这只虱子看。过了一年的时间，纪昌发现，小小的虱子在他的眼前已经大得像一个车轮了。这时，老师让他向这只虱子射一箭，结果一箭就贯穿了虱子的中心。

我们研究产品也是这样的。当我们对一个行业已经非常了解时，这个行业中任何微小的地方，在我们的眼前都会大得像一个车轮。所以，乔布斯说：在别人还对软件一无所知的时候，盖茨就已经专注于其中了，这就是他高明的地方。任何一个行业，只要我们每天去研究，比其他人看得更透彻，就会对这个行业有深刻的理解，而这个理解就是我们投身创业、开发产品的最核心的动力和优势。

第四种方式是利用技术趋势，预见未来发展。

过去40年来，技术一直在高速发展。我们先后经历了计算机时代、传统互联网时代、移动互联网时代，直到现在的"ABCD时代"。这里的ABCD中A指AI（人工智能），B指BlockChain（区块链），C指Cloud Computing（云计算），D指BigData（大数据）。我们发现，每个时代都出现了大批成功的企业，也出现了大量优秀的产品，而且上一个时代有些企业被淘汰了，也有些企业完成了成功转型。比如微软，它完美错过了传统互联网时代和移动互联网时代，但却抓住了云计算时代和人工智能时代。

第五种方式是在无限游戏中坚持生存。

创业者不管是刚刚走出校园的学生，还是刚刚离开工作单位的职员，实际上对整个外部世界的创业环境是一无所知的。真正投身创业之后便会发现，外面世界的逻辑和我们上学、工作时完全不一样。我们最大的认知差异是低估了创业的难度。创业是一个极低生存概率的事件。李彦宏说：99%的创业者将以创业失败告终。在这样残酷的现实面前，只有那些懂得如何生存的创业者才能坚持下来，而只有坚持下来的创业者才有可能取得创业成功。创业者一定要认识到创业不是一个有限游戏，不是一次创业就能取得成功、顺利上市，这样的想法是非常危险的。创业者一定要认识到创业是一个无限游戏，首先要做的是生存，让这个游戏能够不停地玩下去。假如这次创业没有成功，还可以争取下一次、再下一次，只要能够生存，这个游戏就能够继续，终究会迎来成功创业。

第六种方式是团队可抱团取暖，但绝不能散伙。

这里我们举王兴的案例。在2003年王兴从美国回到中国开始创业时，他不断地把美国最优秀的产品复制到中国，虽然每次都取得了一定的成绩，但是每次都没有成功。他离成功最近的一次是2007年创建的饭否网。饭否网的模式参考的是当时在美国刚刚兴起的Twitter。2009年，饭否网的用户开始迅速增长，王兴认为这次自己有机会了。但是，2009年7月的一次事件（2009年7月8日，饭否网被关停），王兴这次创业又失败了。对于很多创业者来讲，这是一次毁灭性打击，很多创业者都会因此而放弃创业。但是王兴并没有被打倒，他继续保持创业团队的完整性。即便在当时他的联合创始人，也就是原字节跳动的 CEO 张一鸣都选择离开了，王兴也依然决定不能散伙。一方面，他每天给团队成员打气，组织团队建设；另一方面，他不停地研究美国又推出哪些新的产品、新的模式。他发现了美国刚刚出现的 Groupon 模式，并且用非常快的速度把它复制到国内，这个产品就是美团。正是美团让王兴取得巨大的成功。所以王兴说：产品失败可以找原因，没钱可以想办法，最怕的是团队没有信心。

四、创业期的产品思维

创业期的产品思维是非常重要的，拥有正确的产品思维才有可能做出成功的产品。这里要遵循以下几个原则。

第一个是极简思维的原则。这里介绍的是奥卡姆剃刀定律（Occam's Razor, Ockham's Razor）。这个定律来自 14 世纪英国的哲学家奥卡姆（William of Occam），他提出"若无必要，勿增实体"，这句话可以解读为：对同一个现象如果有几种不同的假设，那么我们应选择最简单的那一种。

一个复杂的页面设计方案和一个简单的页面设计方案，应该选择哪一个方案呢？如果不按照基本逻辑和准则的话，我们就会选择自己喜欢的那一个。但是如果应用了奥卡姆剃刀定律的话，那么结果会变得非常简单，我们一定会选择页面设计更简单的那一个。

奥卡姆剃刀定律的应用范围非常广泛，它应用最多、最成功的领域是科学。不管是艾萨克·牛顿（Isaac Newton），还是阿尔伯特·爱因斯坦（Albert Einstein），他们在进行科学研究时都用到了奥卡姆剃刀定律，推出了非常简洁却非常深刻的科学定理。这些科学定理最终影响了整个世界。

第二个是深度思考的原则。这个原则来自我经历过的一个真实案例。

在十几年前我第一次创业时，选择了照片和相册这个领域，做出了当时国内几乎是最好的照片和相册产品，提供的服务也很受用户的喜欢。但是，很遗憾这个产品没有成功。我在反思的时候，一直认为自己选错了方向，以为照片和相册这个领域是不可能有成功产品的，但是现实很快教育了我。

Facebook 在同期推出了一个标注好友的功能，这个功能的使用非常简单，就是把一张照片上的所有人脸标注出来，并且注明每张人脸属于哪一个好友。被标注的这些好友都会收到一封提醒邮件，打开邮件里面的链接就会直接跳转到 Facebook 并打开这张照片。这样一个简单的功能却达到了非常神奇的效果，很多用户就是因为收到了这样的邮件而加入 Facebook 的。同时，被标注的好友也和照片的标注者建立起联系，实现了充分的交流，成为更好的朋友。甚至可以说，是照片和相册功能让 Facebook 取得了成功。直到今天，这个功能依然是 Facebook 用户最喜欢、最常用的一个功能。

2012 年，Instagram（Facebook 旗下的一款社交 App）横空出世，主打的依然是照片产品，这次与照片产品结合的是滤镜。进入移动互联网时代后，手机几乎成为每个人的标配。Instagram 利用手机强大的拍照功能，再加上手机强大的运算能力，推出了大量好玩、有趣的滤镜。这些滤镜能让一张照片的效果变得非常绚烂，得到了广大用户的强烈支持。Instagram 很快成为非常受用户欢迎的产品，并且取得了巨大的商业成功，2 年后就以 10 亿美元的价格被 Facebook 收购了。

然而这并没有结束，又一款变脸特效在整个互联网上异常火爆，这就是"蚂蚁呀嘿"，不过这次与照片产品结合的是 AI。

通过刚才这些案例，我们发现一个规律：任何领域都是有创业机会的，重要的不是把时间花在选择领域上，而是要对这个领域进行深度的思考。

第三个是关注结果的原则。这里我们举联合利华（Unilever）的案例。

联合利华生产的香皂销售到全球，但是有一个痛点一直没有解决，就是没有办法发现流水线上的香皂盒子里哪个还没有装香皂。若消费者买到一个空的香皂盒子，就会产生强烈的不满。联合利华为解决这个问题成立了一个由博士率领的十几人的团队，用了一年多的时间开发出了一套非常复杂的方案，花费了几百万美元。

这个问题在中国的一家民营企业也遇到了，那么，这家民营企业是怎样解决的呢？他们找了一个只上过高中的小伙子，这个小伙子拿来一个功率很大的电风扇放在流水线中间。神奇的事情发生了，凡是没有放入香皂的盒子都会被电风扇直接吹跑，留下的一定是已经装了香皂的盒子。

通过对比这两个案例我们会发现，复杂的问题往往可以用一个非常简单的方法解决。很多时候，如果太关注过程，那么反而会忘记结果。所以，重要的不是这个问题本身是否复杂，而是我们是否真正关注结果。

第四个是聚焦核心的原则。我们这里举 Airbnb（爱彼迎，一家提供空房出租的网站）的案例。

Airbnb 的两个创始人生活在美国一个每年都要举办大型展会的城市。展会期间这个城市的酒店很难订到，但恰恰这两个小伙子当时很缺钱，就想把自家的客厅出租出去。他们把一张充气床垫和一顿简单的早餐打包成产品放在网站上，很快就有人愿意花 80 美元来购买。于是 Airbnb 这个品牌诞生了，它正来自 AirBed and Breakfast（充气床垫和早餐）。

这个产品看起来非常简单，但是它为什么能够成功呢？根本原因在于简单的产品恰恰满足了消费者需求最核心的部分。当需求最核心的部分被验证成功时，这个产品就具备了成功的基因。正是这样的基因，促成 Airbnb 在 2020 年年底成功上市，并成长为一家上千亿美元的企业。

第五个是最小成本的原则。这里我们举 Dropbox（多宝箱，一款免费的网络文件同步工具）的案例。Dropbox 的创始人想用一个最简单、最快速、最便宜的方法来验证这个产品是否具备成功的潜质，于是他做了一个非常有趣的尝试，就是把 Dropbox 产品的设计理念以剪纸的方式录制成一个 4 分钟的视频放在 YouTube（谷歌旗下的视频网站）上供大家观看。一天之后，他们发现这个视频非常受欢迎，获得了大量的浏览量和点赞量。同时 Dropbox 的创始人为身边的朋友推荐这个视频时，发现这些朋友也非常期待这款产品。这样，视频的受欢迎证明了 Dropbox 具有巨大的潜力，所以团队决定开发这个产品,这是 Dropbox 成功的基础。我们在现实中往往会发现,很多创业团队没有用最小成本的思考方式,他们往往会把所有成本用来组建团队,进行封闭开发,花几个月做出来的产品拿到市场上后却发现无法获得市场的接受和认可。于是,几个月的时间被浪费了,大量的资金被浪费了,创业机会也被浪费了。所以最小成本原则对创业期企业来讲至关重要。

我们发现这五个思维原则之间是有内在联系的,这些思维原则被总结成很多个关键词,而所有的关键词都在《增长黑客》这本书里得到了清晰的阐释。希望这些思维原则能够对创业者有所帮助和启发。

商业模式的设计与创新

> 智囊机构
> 董事长
> **傅强**

近年来,国内整体的政治经济环境发生了一些变化,很多人逐渐理解"百年未有之大变局"的深刻内涵。从"十四五"的开局之年到现在,中国正在转变经济发展的底层逻辑,即从增速优先转向兼顾公平,从创新推动下的高质量发展到在高质量发展中促进共同富裕。

在这个大变革的时代,创业者要比过去更能看清方向,把握大局,从而开展顶层设计。同时"创新"这两个字也将一直伴随在创业之路上。

所谓创新,有两个方向。第一个方向即科技创新。科技创新拓展了人类生活的边界,把我们带进一个又一个未知的世界,这样的创新当然越多越好。第二个方向是商业模式的创新,这要求创新者对商业常识、本源和原点进行追溯。从某种程度上讲,谁更接近这个原点,谁的创新以及创业之路就更加精益。

一、非创新不创业

2020年是一个巨大的分水岭,这个分水岭不仅源自新冠疫情,而且源自中美之间的贸易摩擦等多个事件。在商业环境中,大家可以关注世界500强企业的排名变化。在2020年,整个500强企业中,上榜的中国企业数量第一次超过了美国。2021年,这个超越的势头进一步保持了下来(见图2-2)。

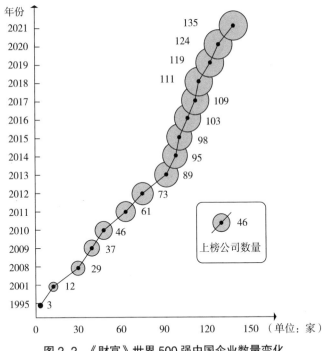

图2-2 《财富》世界500强中国企业数量变化

注:1995—2021年,《财富》世界500强排行榜是一份正式的记分卡,也是一份历史记录,它衡量了不同地区的企业在过去26年中的表现。

资料来源:《财富》杂志历年世界500强榜单(计入数据包含中国香港和澳门地区,不包括中国台湾地区)。

同时我们再看一下 500 强企业的分布。我们可以看到上榜的中国企业里以国企居多，其中主要的行业包括金融、地产、重要的制造业，当然还包括茅台（见图 2-3）。

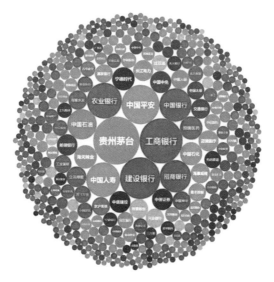

图 2-3　中国 2020 年 500 强企业分布

资料来源：中泰证券。

再看一下 500 强企业中美国企业的分布，科技公司占巨大的份额（见图 2-4）。通过这个对比可以看出，虽然我国有更多的企业进入 500 强企业名单，但是在科技创新领域我国同美国还有一定的差距。所以，科技创新作为整体经济发展的推动力变得越来越重要，这是第一点。

第二点，可以看一下贸易方面，即近年来热议的逆全球化过程让各国的商业模式发生了根本性的变化。这个根本性的变化使我们在很大程度上不能再依赖原来的商业逻辑。那么，新的道路和商业

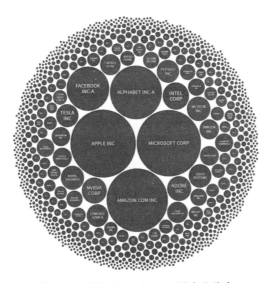

图 2-4 美国 2020 年 500 强企业分布

资料来源：中泰证券。

模式是什么？这是一个值得重新思考的问题。

在我个人看来，"十四五"规划开启的完全是一个新时代，创新到底推动的是什么？推动的不是发明一项新技术、设计一个新模式、运营一个新范式等这类项目，而是创业与发展的全过程。

"创业"一词是有边界的，在目前的语境中，"创业"不仅意味着自主就业、自食其力，而且更意味着责任——我要给别人发工资——这才是真正意义上的创业。如果你选择创业，但你的企业以及商业模式中没有创新元素的话，仅仅能够自食其力，那么不能将此称为创业。在创业孵化的过程中需理解"三个明白"，即"想明白""说明白""干明白"（见图 2-5）。

图2-5 "三个明白"的含义

"想明白",就是当创业者能成功地把商业逻辑展现给自己、展现给员工、展现给投资人的时候,创业成功率会大增。"说明白",并不是单纯指会说话或者会沟通。很多人没有"说明白",其实是因为没有"想明白",其商业逻辑是错误的,经不起推敲和质疑,所以"说明白"本身也是对"想明白"的一个复盘。最后,无论是怎么想的和怎么说的,都要"干明白",即想到说到,说到做到。这个过程是"知行言合一"的过程。"知行言合一"就是将"想明白""说明白"和"干明白"结合起来。在这个过程中,需要不断地自省创业是否有创新元素、创新技术、新的相关路径。

二、商业模式设计与创新是对商业本源的探寻

商业模式设计与创新的关键点是对商业本源的探寻。如果从商业模式设计这个维度看的话,其实创新不是越多越好,而是越简单越好。为什么这么讲呢?有时候我们会遇到这样的情况:当商业模

式出现漏洞时,有人马上会提出用另一个商业模式来弥补漏洞,但最后发现商业模式变得越来越复杂。

在设计商业模式的过程中,需要强调的是谁是你的客户?这个问题不能随便回答。第一,为什么他是你的客户?第二,我们能为客户提供什么?如何提供?第三,如何能成为你的客户?第四,如何让这些客户真正愿意花钱来购买你的产品和相关服务?

总之,商业模式定义了谁是你的客户、你销售什么产品、你如何生产产品以及你的公司为什么能够盈利等。从"谁—什么—如何—为何"这个四方面定义商业模式。其中前两项("谁"和"什么")针对的是商业模式外在的方面,而后两项("如何"和"为何")针对的是商业模式内在的方面(见图 2-6)。

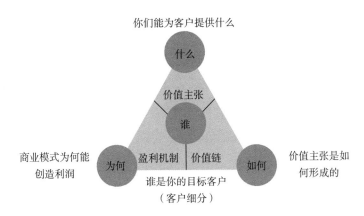

图 2-6 明确为谁创造价值

因此,当我们设计一个商业模式或设计一款产品时,首先要问自己一个"5W2H"的问题。

➢ Who:产品给谁用?

> What：产品的主要功能是什么？

> Why：用户为什么要购买该产品？

> Where：推广渠道和用户场景是什么？

> When：产品什么时候交付？

> How：如何组织开发及营销工作？

> How much：产品定价多少？

《免费：商业的未来》这本书介绍了很多免费的商业模式。我认为，这是互联网带来的一种现象，但我不建议创业者一开始就采用所谓的免费商业模式。因为在免费的过程中你很难真正找到用户的诉求。比如，当我把一瓶矿泉水送给你时，你的反应是什么？当我把一瓶矿泉水以5元的价格卖给你时，你的反应是什么？当我把一瓶矿泉水给你并让你支付50元时，你的反应又是什么？

当我刚开始免费送你一瓶矿泉水时，你的反应可能是客气或者感谢；当我让你为此支付5元的时候，你是不是要确认水的牌子、要看看生产日期，一些诉求就出现了；当我让你为此支付50元的时候，你可能会问：这水是不是冰山上的水，或者水里是否含有矿物质……所以，付费是对客户诉求最好的也是最简单的检验。

三、商业模式设计与创新的流程——商业模式画布

上面谈到了商业模式设计与创新是对商业本源的探寻，那设计与创新的流程是什么样的？我们把商业模式设计与创新的方法和工具称为商业模式画布（见图2-7）。

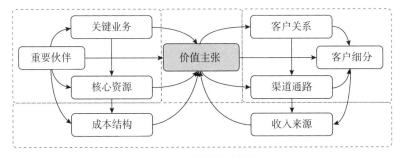

图 2-7 商业模式画布

商业模式画布常用常新，使用者在不同阶段可能有不同的使用感悟。我简单地介绍一下商业模式画布的使用方法，其中一些关键节点我会重点讲解。工具和方法相对简单，更为重要的是大家在这个过程中能相互学习和交流。

在商业模式画布中，左半边是管理系统，右半边是经营系统。两个系统的核心，是价值主张（产品、服务），它们构成了商业模式设计的"原点"。

此处，应特别注意我们做商业模式画布时容易犯的两个错误。

第一，把现有的业务用填空的方式放在这个商业模式画布里。商业模式画布绝不是对现有业务的描述，而是对未来商业模式的规划和设计，即"用未来的视角做今天的选择"。

第二，不能简单地关注这九个方块里的内容，还要看到商业模式画布中九项内容之间的彼此连接。

总之，商业模式画布是一个完整的系统，如果我们仅在这些方块里去填空，就无法设计出商业模式。顶多是用一个工具对现在的商业模式做一定的描述，而不可能设计出一个更好的商业模式。

在设计商业模式时，我们需要不断思考以下这些问题。

1. 谁（客户）？

——我们服务的主要客户及客户群是哪些？客户期待与我们建立一种什么样的关系？我们如何维系这种关系？

——我们最重要的客户是谁？还有哪些重要的利益相关者？

——我们为客户提供服务的销售渠道是什么？

——谁会影响我们的客户？

——不同部门对待相同客户群的方式不同吗？

——我们的客户代表的群体是谁？

2. 什么（价值主张）？

——我们能为客户解决什么问题？我们提供的产品或服务要达到什么要求？

——为了达到这些要求，我们需要改进哪些产品或服务？

——什么是顾客感知价值？

——我们为客户创造了什么价值？带来了什么益处？我们如何让客户感知到这种益处？

——我们提供的产品或服务与我们的竞争对手有何不同？消费者会选择什么样的替代品？

——我们现行的商业模式符合客户的要求吗？

3. 如何（价值链）？

——我们提供的产品或服务背后有什么关键性资源（如物质资源、人力资源、财政资源和知识产权）？

——我们需要什么样的能力和关键业务？

——我们的价值链是否充分体现了核心竞争力？

——谁是我们最重要的合作伙伴？他们和我们是什么关系？他

们能给我们带来什么?

——谁是我们最重要的供应商和合作伙伴,他们的贡献是什么?

4. 为何(盈利机制)?

——为什么客户愿意购买我们的产品或服务?

——我们的主要收入来源是什么?

——这些收入是如何产生的?客户愿意购买的是什么?

——我们的主要成本是什么?

——我们现行盈利模式的主要财务风险是什么?

创造成功产品的关键并不是设计了哪些功能,而是为用户带来多么棒的体验。成功的产品并不是产品可以做什么,而是如果用户使用你的产品,则你的产品可以为用户提供什么。这就是我们不断追寻的终极答案。

四、成为细分市场的领军企业

商业模式画布虽然是一个很好的工具,但是它也有局限性,即商业模式画布对外部环境的关注度不够。如今的创业者需要持续打造两个生态系统:内部生态系统和外部生态系统。外部生态系统如今变得格外重要。创业者只打造一个产业链是不够的,还必须打造一个完整的产业生态系统。有时建立自身的壁垒不仅取决于在技术上是否先进,还取决于外部生态系统是否有效。未来的竞争不仅要考虑公司价值和客户价值,还要构筑未来的生态系统。即便是一个创业公司,也要思考进入哪个生态系统。

五、精益创业的学习与实践

商业模式的设计，不仅仅需要"想明白"，之后还需要和利益相关者"说明白"，并最终通过创新实践去"干明白"。这就需要我们在设计商业模式的同时，不能忘记精益创业，而精益创业方法论有三个核心原则：

➢ 一是最小可行化产品（Minimum Viable Product，MVP）；
➢ 二是敏捷的转向或转型（Pivoting）；
➢ 三是找到首批用户（Early adopter）。

其中最小可行化产品的作用是让我们用最少的人力、物力、资源去打造一个产品，从而去检测客户是否对该产品有需要。要尽可能快速地、高效地把产品放到客户面前来检测是否符合客户需求。所以创业者的最好路径是在制造出产品之前就把它销售出去（见图2-8）。

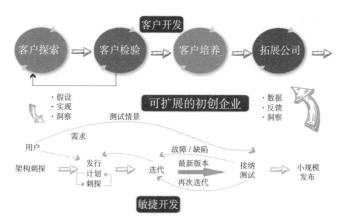

图 2-8　最小可行化产品（MVP）的作用

这里包含三个步骤。第一步是要了解用户需求，了解他们是否有亟待满足的各种需求。第二步是在产品销售出去之前，提前让客户下订单。第三步是通过客户体验来发掘他们的需求。通过这三个步骤我们可以节省很多的人力、物力来确认产品是否符合客户需求，而不造成资源浪费。所以，商业模式的设计与精益创业是一个密不可分的"进化"过程。

在现阶段商业模式设计中，一定要注意创业者"从业务思维到商业思维"转化的问题。

在众多的企业案例中，很多技术型企业都面临着一个共性问题，就是运用业务思维做企业商业模式的运营，使企业发展受到制约。我们将这些具有发展潜质的创新技术类、科学技术类企业的创业者称为"科创家"。拥有过硬的技术仅仅是创业的一个先决条件。科学家或工程师把技术思维转化为业务思维还不算难，关键是要把业务思维转化为商业思维才算是一个合格的"科创家"。而大部分技术型创业者都会卡在这里。

技术型创业者普遍认为，有了技术就有了商业模式。他们的思维方式是这样的：我有一个创新的技术，可以把这个技术变成一个产品或一项服务，然后这个产品或服务就可以进入很多项目，我就能得到财务收入，即项目运营的收入。这个过程是从技术思维转化为业务思维。当然，从技术思维转化为业务思维，这是技术型创业者必须过的一关，如果这一关都过不了，那么最好还是别去创业。

"技术改变商业，商业改变生活。"这句话的逻辑是对的，但是这里存在一个问题，就是技术应用不等于产品应用，也不等于商业应用。从技术应用到产品应用只是从技术思维转化为业务思维,但是仅有业务思维是不够的,必须要把业务思维转化为商业思维。这里的商业思维不是指把产品换成钱,这只是交易而不是商业模式的全部。许多技术人员或科学家认为他们的技术有很多应用的可能性,每一个应用都可能会转化为财务收入,但这是错误的。我们创业必须聚焦于一项应用,当这项应用取得商业价值后,再做其他方面的尝试。

大部分技术型创业企业的商业计划书中包含技术类型、业务类型、资金等内容,但就是没涉及如何做好一个企业、要把企业变成什么样、把企业做到什么程度、占领哪个细分领域等问题。为此,我们特别强调,技术型创业者只有业务思维是不够的,还得回到原点——思考企业定位是什么以及企业给谁服务。另外,要把战略目标、商业模式和核心竞争力说清楚。如果这些都说不清楚,只说技术,那么创业最后的结局大概率是被并购。

技术型创业者在创业过程中如何实现从业务思维转化为商业思维呢?其实也没有那么复杂,只要回到原点,让这个商业模式的利益各方都不吃亏,商业模式的逻辑就比较完整了。创业者不要只考虑技术,而应考虑技术到底给谁能带来什么样的价值,而不是技术能产生什么功能。

总之,从业务思维转化为商业思维同样是一个"知行言合一"的过程。最主要的还是要摆脱单纯业务思维的羁绊。

图 2-9 是一个从业务思维向商业思维转变的思维导图。其中包含了一个特别重要的内容,即当下的市场细分越来越明显,技术的应用使细分市场越来越显性化。好的一面是,只要有一个创新的技

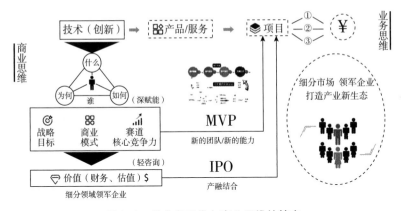

图 2-9 从业务思维向商业思维的转变

术，你就能在某一个单项上形成优势。但不好的一面是，每一个细分市场只有一个成功的企业。当一个品牌还醉心于成为某一"品类"时，一个更细分的市场早已将品牌预期的市场分割殆尽，没有一个企业是绝对安全的。细分市场已经是一个必然趋势，所以创业者要尽自己最大的努力去做细分领域的领军企业。

第三部分

快速商业化
——营销

创业 CEO 市场营销思维

北京大学光华管理学院博士
王为久

市场营销思维是创业管理中最重要的思维之一，因为市场营销在企业收入来源中至关重要，是创业企业形成稳定现金流的重要活动。在创业的最初阶段，如何生产产品是创业者要最先解决的问题，但随着企业开始运作，如何把生产出来的产品销售出去成为创业者更加关心的问题，因为市场营销才是企业盈利的关键。市场营销是一项重要的活动，市场营销涵盖定价、流通、售后服务等多个环节。其目的在于经由连接、匹配和交易的过程达到满足组织或个人需求的目标。在数字化时代，全渠道市场营销、数字市场营销、精准市场营销等新的市场营销手段层出不穷，但底层的市场营销思维和市场营销手段相对固定，只有掌握了基本的市场营销思维，才能使创业者在纷繁复杂的市场变化和眼花缭乱的市场营销手段中始终保持清醒的头脑。

本文围绕创业企业所关心的问题，从市场营销战略、市场营销手段、市场营销设计方法等层面深入解析市场营销。解析具体包括五个部分，第一部分从市场营销的基本功能出发，增强创业者关于市场营销的知识储备；第二部分对创业企业的市场营销战略制定过程及市场营销战略制定中常用的 5Cs+STP+4Ps 工具进行细致说明；第三部分为如何塑造消费者形象；第四部分对创业企业开展品牌建设的方式和策略进行介绍；第五部分总结创业者的市场营销思维。本文期望通过对市场营销战略中的基本方法和思维进行整体介绍，帮助创业者快速建立核心的市场营销思维方式。

一、创业企业的市场营销

北京大学光华管理学院市场营销系符国群教授提出，市场营销是通过匹配供给和需求为用户创造价值的过程。[①] 这里面有三个关键点。其一，市场营销需要关注供给和需求两端，供给端指产品或服务、企业运营能力和可持续发展能力，需求端则指整个市场和顾客。市场营销产生的条件在于供需不平衡（也可称为矛盾缺口），即供给与需求存在时间、空间、信息、品种搭配等方面的缺口，市场营销则要依赖于企业的产品或服务去消除这些矛盾与缺口。其二，市场营销的核心是匹配，通过匹配双方价值来交换需求，匹配包含三个层次：第一层是为既有产品找到合适的用户，比如为现在待售的产品找到合适的顾客；第二层是在识别、发现消费者需要的基础上引导企业开发适合消费者需要的产品或服务；第三层是技术引领，借助企业创新寻找客户，为市场增添活力。其三，市场营销是一个创造价值的过程，每个营销人在市场营销过程中都扮演了为

---

① 符国群. 从供需"匹配"视角重新诠释和理解市场营销——兼论市场营销知识体系的构建 [J]. 营销科学学报，2021,1(01): 17-30.

客户解决问题、给顾客带来价值的角色。比如,房产中介为客户解决居住的问题,软件服务商为企业解决数字化转型过程中遇到的难题。

市场营销是为公司创造价值的过程,市场营销的目标不是实现交易而是保持供需平衡,为企业和消费者创造价值。CEO要为公司的营销策略出谋划策,让公司的市场营销策略满足用户对产品或服务的需求。通过品牌建设、产品设计、促销方案、广告设计等一系列内容,确保需求和供给在交易中匹配,同时提高整个交易的效率。

市场营销经历了一系列的发展过程(见图3-1)。传统的市场营销是企业依据产品来推动的,即"我有什么我就卖什么"。而进入数字

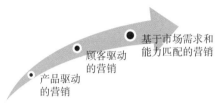

图3-1 市场营销发展趋势

化时代,尤其是大数据为市场提供了更多客户信息的背景下,更重要的是由顾客驱动的营销,即"顾客想要什么企业就卖什么"。实际上这是一个伪命题,面对顾客各种各样的需求,企业的确希望能够生产出千人千面的产品,但现实中企业很难设计出满足不同类别消费者的单一产品。因此,在现代经营的理念下,创业企业需要构建一个基于市场需求并且和能力匹配的市场营销战略,相当于企业将产品细分,让特定产品满足特定市场需求。在经营的过程中,企业通过满足顾客需求,让企业能够可持续发展,实现当下和未来的协调,有规划、有设计地实现市场营销的可持续发展。

二、创业企业的市场营销战略

市场营销战略是企业的市场营销部门根据战略规划、外部市场机会及内部资源状况等因素,确定目标市场,选择相应的市场营销策略组合,并予以有效实施和控制的过程。市场营销战略对市场营销的一系列活动,包括市场需求预测、新产品开发、定价、分销、物流、商业广告、推销、促销、售后服务等进行了统筹规划,在资源和市场的限制下让公司的市场营销战略能顺应市场。正所谓"凡事预则立,不预则废",对于创业企业而言,好的市场营销战略是成功的关键。

(一)市场营销战略的规划过程

市场营销战略的规划指在充分分析整个市场的机会、公司的能力以及确定企业市场营销目标的基础上,按照公司的品牌、业务、理念和产品来制定具体的市场营销战略和计划,并且在实施的过程中进行动态调整。

市场营销战略的规划过程包括情境分析、战略选择、营销组合、实施和控制五个步骤(见图3-2)。

第一步,情境分析。即对整个宏观环境、行业趋势、主要的竞争者、合作伙伴以及消费者水平进行判断。该步骤主要通过5Cs框架进行分析,5Cs框架包括顾客(Customer)、公司(Company)、竞争对手(Competitor)、合作伙伴(Collaborator)和环境(Context)。情境分析的目的在于从整体上把握内外部环境,以期准确、动态地把握市场机会。

第二步，战略选择。通过市场细分（Segmentation）、明确目标市场（Targeting）以及市场定位（Positioning），来确定具体的市场营销战略，即 STP 的过程。该过程包括看准目标市场，找准客户，瞄准产品诉求。

第三步，营销组合，即 4Ps 战略模型。从产品（Products）、价格（Price）、渠道（Placement）、促销（Promotion）四个方面去构建营销策略。

第四步，实施。实施为市场营销战略而制定的具体计划，具体内容包括组织与人员配置、运作方式、日程安排、费用预算等。

第五步，控制。控制市场营销措施确保市场营销战略顺利实现。

在市场营销战略规划过程中所提到的前面这三步是市场营销中经典的技术框架，即 5Cs+STP+4Ps 的经典分析框架。

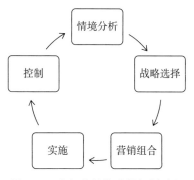

图 3-2　市场营销战略的规划过程

（二）情境分析

情境分析的主要目的是"知己知彼，百战不殆"。5Cs 框架在情境分析中发挥重要作用。通过对 5Cs 框架的情境分析，可以回答以下问题：我们具体要从事什么样的业务？我们要达成什么样的目标？我们需要服务哪个细分市场？我们的产品具备什么样的价值？产品具备什么样的竞争优势？以下对 5Cs 框架进行具体介绍（见图 3-3）。

环境（Context）：市场机会和市场威胁。这是企业不可控制的外部因素和力量。市场环境会对企业经营造成冲击，影响因素包括人口、经济、政治、法律、科技、社会文化以及自然地理等方面。

公司（Company）：企业自身能力。这需要关注公司所具备的资产和能力，企业在市场营销活动中要充分调动资源，挖掘自身优势，分析竞争对手，使自己立于不败之地。在进行企业自身能力分析时，可以通过 SWOT 的框架进行分析，明确企业所具有的优势、劣势、机会和威胁。

合作伙伴（Collaborator）。创业者需要在目标市场团结力量，找到合作伙伴，开展深度合作、创造竞争优势。合作场景分为微观环境和宏观环境。例如，品牌合作或者渠道合作属于企业重要的微观环境，其中包括供应商、营销中间商、顾客与企业密切合作的战略伙伴。

竞争对手（Competitor）。创业企业需要在竞争对手身上找到自身弱点，挖掘自身优势，分析出竞争对手具备什么样的产品特征、产品优势，创业企业在整个市场中处于什么样的竞争地位。

顾客（Customer）。创业企业需要根据顾客特点描绘画像，填补顾客购买漏洞，以此来发现供需匹配的缺口，明确公司的发展机会。

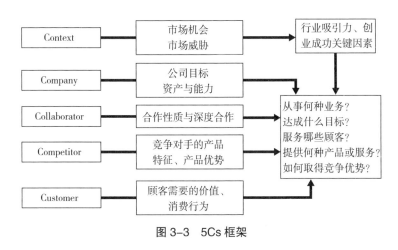

图 3-3　5Cs 框架

（三）STP 战略

企业不仅有外部环境也有自身市场营销手段，可使用 STP 工具进行分析。在现代市场营销理论中，市场细分（Segmenting）、明确目标市场（Targeting）、市场定位（Positioning）是构成公司市场营销战略的核心三要素。

市场细分（Segmenting）。市场细分可根据消费者需求和购买行为差异来划分产品、做市场分类。消费者群体有不同的特征，企业需要根据消费者群体的不同特征进行划分，可以重点关注三个方面：首先需要根据年龄、收入、性别、受教育程度、职业等特征对消费者进行划分；其次需要根据消费者偏好来制定决策，满足消费者需求；最后对消费者的具体消费行为进行探索，包括对产品的消费量、品牌的忠诚度、产品的使用率,以及消费者对市场营销组合的反映情况(见表 3-1)。

表 3-1 市场细分维度

细分维度	参考标准
地理细分	国家、地区、城市、农村、气候、地形
人口细分	年龄、性别、职业、收入、受教育程度、家庭人口、家庭类型、家庭生命周期、国籍、民族、宗教、社会阶层
心理细分	生活方式、个性
行为细分	时机、追求利益、使用者地位、产品使用率、忠诚度、购买准备阶段、态度

明确目标市场(Targeting):即企业准备将产品或服务投放到一个子市场。为什么要明确目标市场呢?并非所有子市场都可以吸引消费者,尤其是创业企业所在的市场。在初期阶段,创业企业没有足够的人力资源和资金满足整个市场的需求或追求过大的目标,只有扬长避短,才能找到有利于发挥本企业现有的人、财、物优势的目标市场,才不至于在庞大的市场上迷失方向。在这一过程中,创业者需要根据不同细分市场的特点以及公司的产品或服务所能提供的价值,来明确要服务的目标市场;同时还要分析竞争对手的缺点,根据不同细分市场的特点来明确企业的目标市场。特别要强调的是,目标市场总是灵活多变的,创业者要不断通过市场调查和预测,分析市场趋势才能与时俱变、趋利避害,采取适应市场态势的策略,让企业如鱼得水。

市场定位(Positioning):解读顾客心理,树立品牌忠诚度。创立产品品牌以及企业在目标顾客心目中的某种形象或特征,提升顾客的品牌忠诚度，有助于取得竞争优势。这需要企业明确目标市场、创造价值、实现可持续发展、设计相关的产品或服务并且制定相对应的市场营销组合策略。

（四）4Ps 营销组合

4Ps 是非常经典的营销要素设计框架，包括产品、定价、渠道和促销四个方面的内容，这四个方面的内容形成了企业的控制因素，推动企业制定营销战略。

产品策略（Product）：企业向目标市场提供有形的商品和无形的商品促进营销。其中包括对产品的品种、规格、式样、质量、包装、特色、商标、品牌设计以及产品要素的设计。对产品进行设计是为了满足消费者的需求，是一个给消费者带来价值的过程。在明确了消费者真正的购买动机之后，才能设计出满足消费者需求的产品。

定价策略（Price）：企业依照市场规律制定价格以实现营销策略。其中包括基本价格、折扣价格、津贴、付款期限、商业信用以及各种定价方法和定价技巧等可控因素的组合。创业者不仅需要为产品定价、制定补贴政策，还需要遵循市场规律。

渠道策略（Placement）：企业合理地选择分销渠道和组织商品实体流通的方式。其中包括与分销有关的渠道覆盖面、商品流转环节、网点管理、中介运输、仓储等环节。在这些环节，创业者需要关注整个商品的市场覆盖率、关注商品的库存、物流规划等多项内容。

促销策略（Promotion）：企业利用各种信息传播手段刺激消费

者购买欲望，促进产品销售的方式，包含广告促销、媒体推介、公关处理等方面。在数字化时代，创业者需要适应新的营销环境，通过综合运用各类营销手段，例如公众号、微博、电商平台、在线工具等，实现自身产品和服务的营销和推广。

以苹果公司为例来分析如何利用 4Ps 工具构建营销组合。苹果公司始终给消费者展现的是一种高端、高质、高价、高科技的形象。在产品方面，苹果公司积极创新，为用户带来良好的产品使用体验，它的产品始终以功能强大、外观大气、世界领先作为卖点，受到广大消费者的追捧。在定价方面，苹果公司始终处于一个相对高端的位置，保障苹果公司产品定位。在渠道方面，苹果公司通过自建的直营店，监督线下门店的管理来维持企业品牌在顾客心中的形象。在促销方面，苹果公司打造促销新模式，提升公司的广告水平，塑造新的品牌形象。苹果公司通过制作精良和富有创意的广告，推广产品。从苹果公司的广告延伸，我们可以进一步去探究一个问题——在营销和品牌传播的过程中，优秀的广告需要具备哪些特征？总体来看，优秀的广告主题要清晰，符合消费者理念；优秀的广告要明确受众，向消费者传递价值理念，找出合适的卖点。因此，苹果公司的 4Ps 营销组合围绕品牌形象做文章为消费者创造价值，是一个系统性的战略组合，对于创业者来说有许多值得学习的优点，其中最关键的是在营销中需要进行顶层的设计和规划，系统性地规划营销战略。

（五）市场营销战略的实施与控制

在制订了市场营销组合之后，还需要对市场营销战略和具体的计划进行实施和控制，掌握市场营销周期，制订市场营销计划。在实施营销计划的过程中，需要估算市场营销收入，并且制订合适的应急方案。

三、理解消费者

理解消费者是市场营销中非常重要的一环，在这个过程中，重点需要回答以下几个问题：谁是基本顾客？顾客真正需要的是什么？哪些因素会影响顾客的购买决策？

（一）识别顾客

顾客指购买企业产品或服务的个人或组织。在购买的过程中，由于多种角色可决定购买决策，这就需要明确购买过程中的发起者、影响者、信息提供者、购买者，从而采取不同的市场营销策略。比如，某个家庭中的一个孩子想吃麦当劳，孩子是实际的使用者或发起者，孩子的朋友可能是麦当劳餐厅信息的提供者，而他的爷爷可能是实际的购买者，他的爸爸可能是付费者，但真正的决策者可能是他的妈妈，孩子妈妈可以不让孩子吃麦当劳（见图3-4）。因此，如果企业最终想把产品卖出去，就要识别关键顾客。此外，在识别顾客的过程中，需要识别直接顾客和间接顾客。直接顾客是从企业手中直接购买产品的人，而间接顾客可能是真正的产品使用者。同时需要识别现有顾客和潜在顾客，需要把握好、留存好现有顾客，同时不断地把潜在顾客转化成现有顾客。

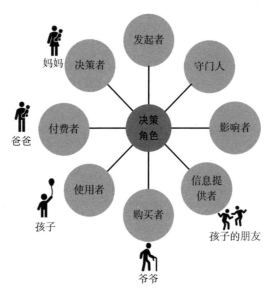

图 3-4 识别顾客的角色

（二）分析顾客

分析顾客时可通过定位顾客来识别顾客所购买特定的产品或服务与他所追求的利益之间的关系。在这个过程中，首先，确定顾客的利益与产品的特征；其次，需要识别利益能够给顾客带来的价值；最后，需要更深层次地去探究产品属性和消费利益之间的关系（见图 3-5）。比如，对于一位想要购买凯迪拉克轿车的顾客来说，他认为凯迪拉克轿车可以提升个人价值，凯迪拉克轿车更加宽敞而且具有更好的质量，同时他身边有很多朋友在开凯迪拉克轿车。这些都是这位消费者的显性动机，是容易被识别和发现的；但是隐性动机也可以促进消费者购买，比如他认为凯迪拉克轿车可以显示他是一个成功人士，彰显个人魅力。

图 3-5　手段－目标链分析工具

（三）识别购买决策过程

购买决策过程一般包括识别问题、信息搜集、备选品牌、购买品牌和购后评价五个步骤。在识别购买决策过程之前，需要根据消费者对产品的熟悉程度、品牌偏好和评价标准来划分决策类型——扩展性决策、有限性决策和名义性决策。

扩展性决策指消费者对某类产品的具体品牌并不熟悉，同时也并没有建立起相应品牌偏好和评价标准的决策。

有限性决策指消费者对某类产品已经有了一定程度的了解，同时具备专业的评估能力，但还需要进一步搜集信息，以便在不同品牌之间进行比较，最后做出理想的选择。

名义性决策就其本身而言并未涉及决策，消费者通过筛选信息，脑海里马上浮现出某个偏爱的产品或品牌，该品牌的产品随之被选择和购买。名义性决策涉及消费忠诚度和习惯性决策。

以消费者购买汽车为例。在购买汽车的决策过程中，包括识别问题、信息搜集、备选品牌、购买品牌、购后评价五个步骤（见图 3-6）。通过梳理整个购买过程，可以更好地发现购买的过程中影响消费者的因素有哪些，发现消费者的痛点和痒点。痛点指消费者在实际生活中遇到的问题和想要解决的困难，是消费者自己意识到的价值需求；而痒点指消费者未能满足的需求，营销人员可以通过刺激消费者消费来产生需求。通过识别购买决策过程，可以让创业企业有针对性地制订合适的市场营销策略来给消费者带来价值。

图 3-6　消费者的购买决策过程

四、创业企业的品牌管理

（一）如何认识品牌

亚马逊的创始人杰夫·贝索斯（Jeff Bezos）把品牌定义为"你离开房间之后别人对你的评论"。品牌普遍指用来识别公司所生产产品或服务的标记或者符号。消费者对品牌赋予了某些心理上的意义，消费者通过看品牌能够联想起某些形象。品牌和人一样，有自己的身份、声音、价值观、信仰、故事、性格、态度和灵魂。品牌具备多重属性，包括产品的属性、给消费者带来的价值、背后的文化、产品符号等特征。

品牌资产是企业的一项重要资源，是企业的一种核心竞争力。品牌资产是消费者对品牌联想产生的结果，这些联想能够影响产品服务的质量。增加品牌资产是一项长期的工作，品牌资产需要进行长期维护。而对于创业企业而言，由于自身条件的限制，必须从经营企业就开始策划、培育、经营、发展自己的品牌。

（二）如何打造品牌

品牌建设的目标是让消费者形成既有深度又有广度的品牌意识。对于创业企业而言，尤其要找准自己的定位，塑造个性化品牌，满足不同消费者需求，提升消费者忠实度，这样既能提升传播的效率和效果，也能进一步增强消费者对品牌的联想以延伸品牌来创造机会，最终形成品牌的护城河，建立企业自身独特的竞争力（见图3-7）。

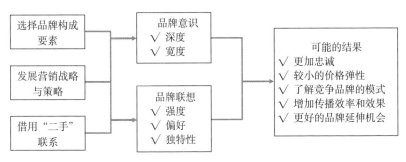

图 3-7 品牌建设的框架

要想打造好品牌，第一要选择好品牌的构成要素。既可以选择独特的象征性符号，也可以选择大众化的符号和颜色，同时还可以将品牌和一定的声音联系在一起。比如"收礼还收脑白金"的广告词，或者是英特尔在每个电视广告中都插入独特的音乐，还可以把特定的图案或者纹饰作为品牌的独特要素，这样让消费者只要听到特定声音或看到特定图案就能想到企业的品牌。

第二，要用4Ps工具来构建营销组合。三只松鼠是近年来迅速成长的创业公司，它根据"80后"和"90后"人群追求时尚生活、习惯网购的特点，将包装良好、具有奶油口味的碧根果作为三只松鼠的初始产品。三只松鼠将碧根果的价格设定在居中水平，通过

B2C（Business to Customer，企业对消费者）的网购渠道来进行销售。三只松鼠通过极致的用户购买体验，实现了良好的用户口碑和情感连接，并通过社会媒体树立良好品牌形象。三只松鼠还打造了松鼠IP，通过二次元的动漫来进行产品的宣传。三只松鼠通过4Ps营销模式打出了一套营销组合拳，形成了自身独特的品牌优势。

第三，要借用"二手"联系。在构建品牌时，可以通过公司的名称、公司的原产地，或者特定的明星广告来实现品牌与特定内容的"二手"联系。李宁公司通过运动员李宁的形象让消费者联想到李宁体育用品。而vivo公司通过大量的广告曝光，将vivo手机与演员彭于晏联系在一起，让消费者增加对vivo手机的忠诚度。

（三）创业公司的品牌建设

创业公司如何进行品牌建设呢？通常而言创业公司面临着生存的挑战，如何生存是每天都要思考的问题，因此品牌建设是既紧急又关键的任务。尤其是在品牌建设的投入效果不能立竿见影的情况下，创业公司自身资源的有限性限制了品牌建设方面的投入。那么，如何用最低的成本来建立品牌呢？怎么让消费者快速接受一个新的品牌呢？

第一，调查市场，明确消费者需求。根据自身品牌的价值主张和能够给客户带来的价值，按照供需大小去宣传品牌。

第二，明确品牌的构成要素。品牌构成要素包含良好的品牌形象。可以通过标志、颜色、声音、符号等多种方式，来形成企业独特的品牌要素。

第三，讲好品牌故事，发出个性的声音。对于每个创业者而言,需要回答好以下几个问题。首先,你的产品或服务传递着什么价值?其次,你与竞争对手有什么区别?最后,是否挖掘了品牌和产品的价值?这几个问题分别关系到品牌个性与产品卖点、产品的核心价值、品牌差异和解决方案。讲好品牌故事、销售个性化产品才能使品牌的形象深入人心。

第四,开展多渠道宣传。通过直播、广告等多种方式去传播创业企业的良好形象,在新时代还可以通过互动营销、地推、CEO访谈、公众号软文等多种方式开展品牌宣传。

五、创业者的核心市场营销思维

本文在前面部分介绍了市场营销中关于市场营销战略制订、消费者分析和品牌建设的具体工具和方法,创业需要以市场营销思维为基础。对于每一个营销者来说,都需要具备顾客思维、前瞻性思维和合作思维。

(一)顾客思维

顾客思维就是要以消费者为中心。企业应该按照消费者需求来生产产品。企业考虑的逻辑顺序不应该是从既有的生产出发,以现有的产品去吸引顾客,而应该是正好颠倒过来,从市场上消费者的需求出发,按照目标顾客的需求去生产产品。消费者是消费市场的主角,无论是电商平台、厂家,还是直播、广告宣传都要以消费者为中心,满足消费者的需求,实现市场营销的目的。只有深入挖掘消费者的需求,真正实现供需的匹配,才能给消费者带来真正的价值。

(二) 前瞻性思维

前瞻性思维要求市场营销的决策者向前看。市场营销不同于会计,会计是向后看的,是对结果的审计或基于已有的结果去预测未来;市场营销是向前看的,主要体现在管理和运营层面。市场营销需要在瞬息万变的市场中去预测市场机会以及如何捕捉和实现机会。因此,市场营销需要预测,需要基于市场的变化去做决策,同时要及时采取行动,需要有前瞻性思维去判断和预测。只有这样,创业企业才能占据市场先机,赢得蓝海市场。

(三) 合作思维

合作思维指市场营销需要合作,需要团队,需要整个公司内的生产部门、财务部门、人力部门密切配合,甚至需要与多个市场主体或合作方进行配合,因此必须整体设计,统筹规划,实现共赢。公司间的市场营销合作还可以实现资源的优势互补,增强市场开拓、市场渗透与市场竞争能力,同时合作开发市场资源。通过品牌联盟、品牌协作的方式可以协同进行品牌塑造、市场营销、传播、升级等方面的活动,以达到共享市场营销资源、巩固市场营销网络、节省市场营销费用的目标。

本文从市场营销的理解、市场营销战略的制订、消费者行为分析和品牌建设等方面对市场营销的基本框架、基本工具和基本思维进行了介绍,并且总结了市场营销思维。商场如战场,形成优秀的市场营销能力并非一日之功,需要锻炼和成长。创业者需要在复杂的环境中快速找到机会,为消费者带来价值,为企业带来利润。

数字经济时代流量的获取与运营

▶ 蓝色光标客户
服务总监
于美茜

随着数字经济的不断发展,直播带货、知识付费、短视频等新经营方式接连涌现,这些丰富新颖的经营方式带来了更多的商机和市场空间。在营销过程中,流量一直都是竞争的关键。如何获取流量,并实现商业变现最大化,是我们需要深刻思考的问题。

一、流量全景图

流量主要分为三个部分:付费流量、自有流量和获得流量。这三部分的流量都服务于两个价值,即认知价值和转化价值。认知价值的主要目标是让消费者能够知道我们的品牌和产品并产生购买兴趣;转化价值可以直接带来消费行为,比如购买、下载等。

(一)付费流量

顾名思义,付费流量就是明码标价,可以通过付费的方式获取流量。比如,可以通过打广告、办活动或者是通过发邮件的形式让受众产生关注、兴趣和购买的行为。那么，付费流量需注意什么呢？就是我们要非常清晰地知道购买流量是为了什么。如果目标是提高认知，那么流量的衡量标准一定是曝光—关注—增加阅读量—提高互动量；如果目标是转化，那么流量的衡量标准一定是曝光—点击—下载或者是曝光—点击—购买，再或者是曝光—进店消费。衡量标准不同意味着营销方式也不相同。比如，如果我们关注互动量，那么微博的互动话题一定是一个很好的选项；如果我们关注下载量，那么能够直接带来下载行为的广告形式一定是首选。

（二）自有流量

自有流量，指我们有一个官方阵地，比如自己的官方公众号、官方微博，或者微信群，在这个官方阵地上可以持续地跟消费者或者是潜在消费者产生互动，通过这些互动产生认知价值或转化价值。若我们获取了一些流量，却不知道该如何处理，则可以先建立一个微信群，在微信群里产生一些互动，这就是自有流量。自有流量除可以通过付费流量转化外，还可以通过自然流量产生。比如官网会吸引一些人来浏览；或者线下开一个门店，有一些顾客觉得有意思就会走进来，这些都是自然流量。自然流量不需要我们通过付费获得，它可以通过一些随机的因素而产生。

（三）获得流量

获得流量，简单来说就是"以老带新"，即用老用户带来新用户。它可能是通过老用户的一个自发行为，也有可能是品牌方或产品方设计的一种行为，刺激了老用户，带来了新用户。新用户很有可能沉淀为自有流量,这时自有流量和获得流量之间会产生一个转化关系。

(四)不同类别企业的流量重点与价值

在认识流量类别之后,我们再来看一下不同类型的流量会给不同类型的企业带来什么样的价值。这里我们主要探讨的是 To C(面向个人)类型的企业,因为对于 To B(面向企业)类型的企业来讲,流量价值相对有限,除非 To B 类型企业的获客成本相对较低,即卖出服务或产品的客单价较低,否则流量的价值是很低的。以蓝标为例,我们很少去做宣传自己的广告。因为 To B 类型的企业大都是多对一的,也就是说服务人员数量超过了对接用户的人员数量。这种形式主要依靠企业业务人员或销售人员的自身能力去获得用户,而不是通过流量去获得用户。To C 类型的企业主要分为三类。

1. *应用类产品(App)*

应用类产品,也就是 App(手机软件)。App 和实体产品不太一样。实体产品的主要售卖方式是"我卖你买",就在这一瞬间产生了交易行为;而 App 则是"变现模式置后、流量获取置前"的模式。在这样的模式下,App 类的产品非常注重获取流量的投产比。除非是这样一种情况,即所在的行业正处于风口之上,所有人追着你去投资,期望你能抢占这个行业的第一,因为该行业未来会有非常大的潜质,比如曾经的二手车平台或者是打车软件,那么这时可能暂时不那么重视流量的投产比。除以上这种情况外,建议创业者刚开始时就注重流量的投产比,即要清楚地知道获得一个用户需要花费金额的数量,未来能不能从这个用户身上赚回来。App 类的付费流量可以关注头条系、腾讯系或者快手系几个大的平台,判断这些平台能否给你带来一个快速获得流量的方式,并且判断这个流量的价格是多少,7—15天就可以有基本了解。App类的付费流量获得相对比较简单和清晰,对自有流量运营来讲其实是产品运营的一个范畴。由于App类的付费流量不太涉及在营销领域的自有流量的运营范畴,所以我们不再过多地去阐述。

2. 消费品

消费品是在整个流量获取和运营中最为复杂的一大品类。简单来讲,消费品分为耐消品和快消品。什么是耐消品呢?就是购买商品的次数可以清晰统计的商品,比如房子、汽车等。还有一类叫快消品,里面有很多种分类,可以根据决策周期进行一些领域细分,在整个品类里面它是非常复杂的。

3. 服务类消费

服务类消费主要依靠服务或者体验来收取一定的费用。这种消费很大概率会有线下的门店,比如美容行业、餐饮行业、旅游行业等都有线下体验或者服务。对于这类企业来讲,付费流量的获取形式相对比较简单。第一种是通过行业平台获取付费流量。对于这一种,只要在大众点评、携程等平台做好相应的运营就可以获取付费流量。第二种是做短视频。短视频对于服务类消费而言出现得较晚,是在2020年起开始火爆的,由于新冠疫情的推动,出现了一些探店类业务。但这类消费不适用于所有商品品种,需要商品有非常显著的特色才可能脱颖而出,若商品能脱颖而出,则平台内的投入相对较低。第三种是传统的区域媒体。这种方式对于服务类消费是非常奏效的。因为服务类消费企业都有线下门店,地理位置、周边的传统区域媒体（比如，电梯内和商场内的一些广告等）对服务类消费企业的影响都非常大。

二、流量的获取

（一）选好流量主阵地

我曾经给很多的初创企业做过咨询，创业者问我最多的一个问题就是：一个拥有新消费品的初创企业，既想做天猫店铺，又想做京东店铺，还想做微信的自营微店，如何去布局呢。我一般会建议，你把"布局"两个字换成"选择"就可以了。因为在最开始，除非人手足够多、资金足够充沛，否则我不太建议初创企业去做一个整体的布局，而是要做一个流量主阵地的选取。因为在中国目前的业态环境中，选择任何一个流量主阵地，它基本整体的流量池都足够大到可以支撑初创企业走过前两个发展阶段。所以，重要的事情就是聚焦，选择流量主阵地。

1. **两个至关重要的问题**

第一个问题，商品在哪里成交？

重点考虑的是在线上成交还是在线下成交。之前我的一个客户主要做饮品行业，这个饮品偏向于功能饮料，为粉质状，适合在健身前后喝。客户当时特别想做电商，经过我们几轮沟通后，我建议他先不要做电商，因为该产品的成交场景是在线下的健身房。哪怕2020年最火的元气森林，它最开始获得成功的成交场景也是在便利店。所以，一定要先想清楚商品在哪里成交，流量主阵地如果是线下，则线上可以先不用去考虑。

第二个问题，成交场景主要是在线上，线上的选择又有很多，那么初创企业到底选择哪个平台？

其一，考虑这个平台的属性是否和商品的属性匹配；其二，考虑这个平台是否还有流量红利。可能有些人会问，如今的平台都已经历了一段时间的发展，如何判断它是否还有流量红利。实际上，任何一个平台，只要能产生新的商业模式，就会有流量红利。

2. 线上平台的分类

第一种是传统电商平台。大众化的传统电商平台包括天猫、京东、淘宝等，垂直类的传统电商平台有苏宁易购、唯品会等。这些大平台的流量非常充沛，运营机制相对比较完善。有些人说，既然已经过了流量红利期，这些大平台是否就不会选择一个初创品牌呢？其实未必。京东每年都会选择几类商品作为爆品，也会选择一些今年可能会成为新流量红利期的商品去增加自己的流量。比如，2020年京东选择的商品可能就是消费升级、健康消费的商品品类。如果你的商品类型是这个平台想要去重点推荐的，那么不妨尝试和这些平台联系。通常需要先与对方平台工作人员沟通，沟通之后观察该平台是否对你的商品类型感兴趣。

第二种是社交电商平台。其实你选择的平台不一定是新兴的平台，比如微信，虽已存在很多年了，但是微信做电商并没有很成熟；再比如小红书，它最开始是一个美妆分享平台，而现在它已经有很强的电商属性了。这两类平台都具备非常强的社交属性，在小红书上做美妆、衣服这些电商是比较适合的，这是一种行业匹配。另一种行业匹配就是社交属性带有一定的裂变属性、口碑属性。当商品有了一定的话题性后，就适合通过裂变的方式不断地去获取新用户。或者从流量分类上讲，以后通过常规运营流量就可以获得更多的流量、获得更多的用户。

第三种是短视频平台。短视频平台最好的流量红利期是在2021年，抖音和快手在2020年布局了自己的电商平台。如果观察直播就会发现，在最开始，抖音的直播是引流到淘宝，但现在抖音已经开始做自己的闭环生态。2020年开抖音小店是有一定的流量红利期的。抖音直播最适合的品类是零食、家居用品以及美妆等。

（二）线上付费流量的获取

付费流量的获取一定要围绕主阵地，这件事情非常重要，一定要基于平台的运营规则做好自己的产品销售，吸引消费者进入自己的虚拟店铺。

1. 传统电商平台

对传统电商平台而言，获取流量非常简单：找到一个靠谱的运营商。因为传统电商平台已经非常成熟，很多靠谱的运营商甚至愿意帮你囤货，保证你的销量，当然，前提条件是你能够让运营商看到这个商品值得这样去做。

2．新兴（社交）电商平台

对于微信和小红书这样的新兴（社交）电商平台，更看重如何用内容的视角去获取流量。这两类平台有两个特别重要的共同属性。一是内容维度非常丰满。内容维度包含文字、图片、视频和直播。二是消费者愿意在某一个内容里面花费较多的时间，比如，会在微信里看一篇文章，会在小红书里看网友分享的笔记。因为消费者愿意在内容上花费更多的时间，所以我们在这些平台获取流量时，一定要以内容的视角去吸引流量。以朋友圈的广告为例，无论是照片质感还是拍摄手法方面，都偏向于从专业角度展现品牌的广告，而不只是简单粗暴地描述产品属性，商品的内容维度应该更加丰满。

3．短视频平台

短视频平台也是一个内容平台。我们想强调的是，要用效果流量的思维去做内容。可能有人会问，同样都是看内容，有什么区别呢？很简单，第一，短视频平台内容维度非常单一，要么是视频要么是直播；第二，短视频平台是一个快速消费的平台，比如，抖音上推荐的内容如果在15秒内（甚至更快，7秒原则）没有吸引消费者，那么该视频就被划过去了，人们不会花更多的时间去看这样的内容了，所以这是一个非常典型的效果流量的视角，即短平快。因此，一定要在短时间内把产品属性讲述清楚，没有必要做过多的铺设，结合平台的流量运营机制来获取流量。这是短视频平台的特点。

（三）线下场景式流量的获取

虽然说平台内的流量获取是最重要的，但是巧用平台外的流量有时候性价比也是极高的，甚至比平台内广告还要高。当然，这种情况存在一定的偶然性。这里给大家推荐两个线下场景式流量获取的方法。

1．支付类的场景

大家现在去便利店都会选择用微信或支付宝扫码支付。细心的人会发现，一些微信的二维码上除自身icon（图标）外还会有别的内容。这些内容用来做什么呢？这些内容是第三方公司用来做广告的。你扫进去之后，有可能会出现一条文字链，比如"点击有惊喜"之类的。这是一个非常典型的刺激性点击，这种点击率极高，因为商品便宜，所以转化率会非常高。比如某贷款类App的转化率就非常高，消费者的付费能力很强；再比如一些纸巾类的消费品，它的转化率也非常高。

2. 天气类的场景

天气类的场景的黄金位置就是右上角的icon。现在北京、上海、广州、深圳这样的一线城市已经将这个icon隐藏掉了，但一些安卓系统手机或在一些三、四线城市的用户手机上，这个icon是始终保持的。icon的优势在于价格便宜但转化率高，并且产品的属性与天气相关。比如，如果你经营的是一个冰淇淋店或是一个冷饮店，那么在盛夏的时候icon转化率是极高的。如果有一些初创企业属于这两类的场景，那么不妨尝试一下。

（四）认知占领

认知占领是指品牌在消费者脑海中占据有利地位的过程，具有重要的营销意义。前三个环节我们探讨的是怎样获取有转化价值的流量。何时做认知占领呢？此处我借用一个模型（见图3-8），这个模型参考了分众传媒CEO江南春老师关于"人心和流量之间的关系"主题分享中所提到的模型。

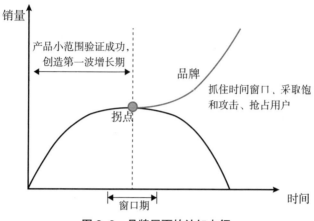

图 3-8　品牌层面的认知占领

这个模型非常好地阐述了何时做认知占领,这个时间一定是第一个产品销量达到高点的时候。怎么判断产品销量是否达到了这个高点呢?如果产品销量没有持续性的上涨,而是增长得相对比较平稳或者增长速度显著变慢了,那么这个时候产品就进入了窗口期。不同品类产品的窗口期时间有长有短。中国的消费品市场竞争非常激烈,产品窗口期不断地被缩短,使得产品出现销量上的激增,因此一定要抢占窗口期进行品牌层面的认知占领。在品牌层面的认知占领中,最关键的是曝光。我们有些时候将其称为饱和攻击。如果销售上升曲线非常好,那么饱和攻击可以做一些非常大的投入,比如寻找代言人、植入广告、冠名等;如果销量还在上升,这个时候就需要布局社交平台——运营官方公众号、官方微博、小红书……可以选1—2个平台着重地去占领消费者的品牌认知。

三、流量的运营

（一）流量运营的分类

在这里主要讲一下裂变运营和粉丝运营。实质上整个流量运营的分类肯定不止这两类，但这两类是流量运营分类较为有效的方式。企业特别是初创企业，应该着手去做自有流量运营。例如在快销饮品行业，最开始有没有必要做自有流量运营呢？它的判断标准有两种。第一种就是观察是否利用持续付费流量就能运转整个商业模式，若可以运转，则最开始完全没有必要做流量运营。第二种就是考察裂变运营和粉丝运营是否适用于现在的企业类型，若适用，则可以尝试；若不适用，则需仔细思考一下这件事情的投产比。

裂变运营和粉丝运营是两种不同的方式。裂变运营主要针对的是转化价值，裂变就是为了转化；而粉丝运营主要对应的是认知价值，实质上是从浅层认知到深层认知，或者可以说是从认知到有兴趣再到转化的持续性过程。粉丝运营就像是一个陀螺，把它抽起来了就会自己转。所以粉丝运营的最终目标可能也是为了转化，但前期是为了打造认知。

1. 裂变运营

在裂变运营中有两种裂变方式是有效的：第一种裂变方式叫激励裂变，顾名思义就是通过物质刺激，如发红包、送礼品、捆绑售卖等进行裂变；第二种裂变方式叫荣誉裂变，它的门槛是非常高的，对很多的初创企业而言并不适用。荣誉裂变适合爱马仕、LV

这些奢侈品牌。通过给予消费者一些荣誉,比如做 LV 的首席体验官,这样自然而然就会产生裂变。我曾经给戴森设计了一个偏向于荣誉层面的机制,叫作"我的戴森小家",即我们家里有多少个产品已经被戴森覆盖了,这种就比较容易产生荣誉裂变。

在分析激励裂变之前,我们先讨论两个问题,判断流量运营是否适用激励裂变。第一,你的消费者对价格敏感吗?也就是消费者会为了这个"激励"而去做一些裂变举动吗?第二,你的产品是不是非纯粹的、大众的、高频的、低价的?这个概念可能相对模糊。举一个例子,如果你的产品是矿泉水、饮料这种类型的,那就不适合囤货,因为这种产品是纯粹的、大众的、高频的、低价的产品;但如果你的产品是牛奶,消费者的购买习惯可能就是囤一箱牛奶,但又因为牛奶有一定的保质期,消费者不会囤很长时间,所以这种产品就适用于裂变运营。如果产品是价格敏感型,又是非纯粹的、大众的、高频的、低价的,就可以考虑去设置一些裂变运营机制。

2. 粉丝运营

既然我们的目标是产生认知价值,那么,大家可以思考几个问题:你打算做一个品牌吗?你的品牌会让消费者产生一些自发的行为吗?粉丝运营像陀螺一样,有一个自动转的周期,只要你不断地去抽动陀螺,它就会不断地旋转。

我曾经服务过一个客户,他的主要优势在于供应链,因此他认为不断地生产产品,再贴上不同的品牌、抓住不同的风口就足够了,没有必要去做粉丝运营,所以他并不打算成立自己的品牌。因此,粉丝运营的本质更偏向于品牌,而不是产品。

如果初创企业在选主阵地的时候就已经做出了选择,比如选择了小红书或者微信这种社交类型，或者选择了抖音这种短视频类型，那么初创企业就天然地拥有了粉丝运营的基础。虽然后续可能有裂变运营，但在最开始的时候可以考虑和粉丝运营一起去做。

对于服务类的企业来讲，最关键的就是搭建整体会员体系。为什么建议服务类的企业去搭建整体会员体系呢？因为整体会员体系符合消费者的分享习惯并且成本相对较低。比如你去了某家餐厅，如果感受很不错，就会向朋友推荐一样。

搭建整体会员体系我们做得很少，是因为我们缺少一些非常简单、有效、性价比高的工具将这件事情很轻松地做起来。但现在有一些工具，比如像小程序或者微信群等，能不断地分析产品的受众，并为初创企业带来一些粉丝，再通过打标签来吸引更多粉丝。所以，对于服务类的企业来说，整体会员体系的搭建格外重要。

（二）流量运营的重点

从图3-9可以看出，流量运营是通过获取流量而建立机制的。例如，在官方微博账号借助社会热点发了一条微博，就可能会看到裂变群里形成了一个机制。再比如大家可以看到现在优惠券的设计都已经非常精细化了，优惠券的设计都有自己的算法。这是因为如果想达到预期效果，就不能随便设计一个机制。

图3-9实线以下是一个很好的会员系统，这个会员系统里沉淀的是会员数据和消费者数据。想要做好一个会员系统，应从最开始就明确后续如何获得流量。如果流量运营在运营占比中很重要，甚至超越了付费流量带来的一些价值，那么会员系统应该从一开始就搭建得相对完善，而且在获取流量时，就应该想清楚这样获取的流

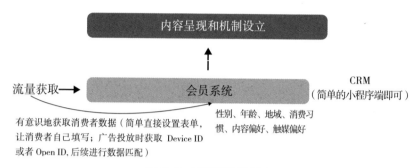

图 3-9 流量运营的重点

量是否能沉淀到会员系统里面。在获取流量时,两件事情值得关注。第一,在设计广告流程时,最终广告的落地页是否可以呈现为一个表单,这个表单包含消费者自动填写的信息;第二,在做广告投放时,整体的监测链接里是否有一个字段可以监测到消费者的设备号,我们称之为 Device ID。消费者的设备号是唯一可以识别的标识。无论消费者来自微信还是来自小红书,这个设备号可以认证到同一个人的身上。

一般来讲,会员系统主要有四个维度的数据:性别、年龄、地域和消费习惯。消费习惯实际上跟行业息息相关。比如,美容类行业的会员系统就会标记客户是愿意打水光针还是愿意去做清痘护理,消费价位是多少,这些就是消费习惯,是需要重点标记的。如果是一个消费品品类的会员系统,那么可能需要标记内容偏好、触媒偏好这两个数据维度。通过不断地累积,等到可以去做全方位布局流量采买的时候,或者进行付费流量获取的时候,这些数据维度就会产生一些意想不到的作用。当然,只有在对会员非常了解的情况下,才能去设计、呈现相应的内容,从而制订激励机制。

初创企业的品牌营销

▶ 蓝标传媒品牌中心
  首席创意官
▶ **韩毅**

品牌营销（Brand Marketing），是通过市场营销使客户形成对企业品牌和产品的认知的过程，是企业要想不断获得和保持竞争优势就必须构建的高品位营销理念。品牌营销对于初创企业尤为重要。

一、一切为了生意才是创意的终极使命

一系列经典案例证明了广告和销售之间还是存在"爱情"的。我在蓝标做创意工作，蓝标一贯坚持的一个观点就是，所有不能帮助企业创造利润、不能帮助企业赚大钱的广告都是耍流氓。回头看看大卫·奥格威（David Ogilvy）、李奥·贝纳（Leo Burnett）这些广告行业祖师爷创造的作品，以及当年那些大公司创始人的成名作，没有一个不是带着明确卖点和销售主张的。创意在这些创意大师的眼里，只是为产品、为生意搭了一个台而已。

广告这个行业薪火相传到今天已经100多年了，其实很多事情从来都没有变过。到了今天，我们依然相信广告和销售之间还是存

在"爱情"的。这是我想跟大家分享的一个最基本、最重要的核心观点。

二、百废待兴要懂得聚焦核心问题

在这里我对创业者提出一个小忠告,越是百废待兴的时候,越要懂得聚焦核心问题,因为我们相信:方向比速度更重要。

(一)要做的事太多,应聚焦核心问题

众所周知,创业非常不容易。通常我们要面临的问题就是"按下葫芦起来瓢",每天都会有大量的问题等待我们去处理。越是在这种情况下,我们越不能慌乱,越要有意识地聚焦核心问题。

所谓聚焦核心问题,其实就是一切都要从生意的角度出发,去看待眼前那些迫切的问题。我希望创业者能有这样的意识,即站在一个更高的视角,把现在面临的所有问题的优先级做出明确的排序,既包括重要且紧急的,即生死存亡的大事;也包括不重要且不紧急的事,就像是感冒、流鼻涕,这些事情也许在未来日子会变得更好,有的是机会可以依次解决。如果我们一开始都弄不清楚目前生意上到底有哪些非常紧迫的问题,就慌慌张张地着急动手去做营销方案,接下来我们做出的所有营销方案不过就是梦幻泡影,它不会带来任何有价值的、有针对性的解决办法。

(二)"开战"之前,先明确谁是竞争对手

这是我想要强调的观点,我们要时刻抱有聚焦核心问题的思考

习惯。举一个例子，我们经常说商场如战场，这很残酷，每天被迫要去打不同的仗才能活下来。但是我们在开始一场又一场的血战之前，有没有冷静地想一想能够带领我们走向最终胜利的是什么，我们目前真正的竞争对手是谁。当我们进入一个市场领域时我们要清楚一点：每个市场都会有客观存在的生命周期。生命周期可能包括培育期、成长期、成熟期，当我们进入某一个市场时，要搞清楚这个市场已经发展到具体哪个阶段了，这大概率会影响或决定我们未来的战略方向。

假设市场现在正处于培育期，刚好有那么一群人和我们一样做同样的事情，他们是我们的竞争对手，但他们真的是我们最重要的竞争对手吗？如果我们正处在这样一个培育期的市场中，那么正确的做法应该是选择领导性的品牌策略。因为我们目前最重要的问题不是如何跟竞争对手去抢这块蛋糕，而是眼前的这块蛋糕太小了、不够大。

所以无论是我们还是我们的竞争对手，都要投入很多的成本去培育消费者，去培养消费者产生新的消费习惯，去培育这个新的市场。真正的红利其实来自品类的快速成长，真正能为我们带来利润的是那些新进的潜在消费人群。所以，在这个时候我们不应该像煮豆燃豆萁似的自相残杀。我认为，市场中的企业可以考虑携起手来让这个市场快速地做大、做强。

如果市场进入了成熟期，则我们应该选择竞争性的品牌策略。当同质化竞争越来越激烈时，我们要不断地强调和突出自己的核心差异化优势，给用户一个足够强烈的理由选择我们。在这个阶段，我们需要转化竞争对手手里的用户。

（三）从生意出发，梳理策略到创意的逻辑线

接下来我将尝试从一个宏观的角度，分享一个整体的思考框架。这是一个梳理问题的过程，这样的框架可以帮助创业者厘清现在存在的问题，以及如何聚焦核心问题并最终形成一个合理有效的解决方案。

于我而言，策略这件事有三个不同的角色：第一个角色是像埃森哲、麦肯锡、特劳特那样的公司所提供的服务，它们帮助企业在大方向、大战略上定制策略；第二个角色是在每一场营销战役（广告行业叫 campaign）里，基于某个现状进行的头脑风暴以及价值产出；第三个角色是媒介策略，在媒介的环节里，我们怎么花小钱办大事，最终实现利益最大化。

受限于工作性质，我对大策略和媒介策略并不是很了解，所以不敢妄言。我在这里所讲的策略，更多是在广告战役和营销战役里面的营销策略。策略和创意是密不可分的。制订策略需要在前期做大量的功课，包括掌握市场背景、分析竞品、梳理自身优势、深入了解目标客户群体等一系列动作。通过这些信息的收集、整理、筛选，再加上自己的专业知识和以往的作战经验，我们最终要搞清楚以下几件事情。

第一，我们的现状到底是什么？现在的优势点、劣势点、威胁点和机会点到底都有哪些？我们面临着哪些问题？这些问题的答案可以使我们对现阶段有一个客观的认识。

第二，我们想去哪里？通过这一次或大或小的营销战役，我们期望达成的阶段性目标到底是什么？这个目标要足够清晰，也许它

只是改变用户的想法或是撬动用户的某种行为。

我们需清楚了解我们的现状（即我们的起点），我们想去哪里（即我们的终点），当这条路径非常清晰时，我们就可以通过前期收集来的那些非常丰富的资料，从中找到什么是阻碍。我们从起点走向终点过程中最大的阻碍，就是我们现阶段生意上的核心问题。当我们研究清楚目前影响生死存亡的最大难题时，就可以给出一系列的解决方案。

当然，这一系列的解决方案可以从不同的机会点去切入。比如，我们在产品或服务的层面，有没有一个特别明显的有驱动力的差异化特点？比如"品牌鄙视链"。我们的竞争对手也许已经在这个行业里深耕多年，它们都是庞然大物，但是从消费者的角度去看，会发现每个产品和每个品牌的生命周期越来越短。因为鄙视链的存在，越年轻的消费者越愿意选择属于他的、可以代表他的新品牌。如果客户想要时刻站在时尚的风口浪尖上，那么他们所要求的一切都会是最新的。所以从这个角度看，新品牌可以把自己转变为一个新进玩家的身份，把劣势变成优势，变成消费者选择我们的一个重要理由。

用户洞察是一个很大的话题。我认为它是广告行业发展100多年来一个从没变过的根基。用户洞察在广告行业的专业术语叫"Insight"（洞察力），它其实就是长期存在于我们身边而被忽略的真相。我们可以通过这些被忽略的真相和用户之间建立某种联系，让用户觉得只有我们能懂他，我们的产品、品牌仿佛写着他的名字，是他应该拥有的东西。这就是用户洞察。这一系列的战术方法还有很多，但是万变不离其宗，策略的根本目的是一致的，那就是要撬动用户。其实每一个消费者都会有长期形成的生活习惯和消费习惯，我们就是要劝消费者改变那个长期固有的习惯，然后多看一看我的品牌，来试一试我的产品，来尝试着跟我建立新的联系，目的就是给消费者一个确定的、有足够说服力的购买理由。

要梳理清楚目前面对的一系列难题，然后聚焦核心问题，找到一个切入点。前期海量的信息收集，包括对市场背景的分析、人群的画像、竞品的最近动向，以及来自社会学、心理学，甚至人类学的这些海量的调研数据，最终帮助我们得出一个确定的结论。这个结论其实就是策略的结论，也是我们创意的起点，整个工作流程像是一个漏斗的形状。

通过这样的一个关键信息，把核心概念向下延展，这个关键信息就是创意的起点。接下来要做的事情是将这个核心概念以非常感性的方式展开，用最有效的方式打动人心，最终把核心信息高效并且准确地传递给目标消费者。如果这个过程干得漂亮并且幸运的话，就能给消费者留下深刻印象，改变用户消费习惯。

（四）江湖险恶，避坑指南

此处我分享一个避坑指南。实际上，广告行业或者营销行业的门槛还是挺高的，它们的门道非常深。有一句话说：广告很好做，因为每个人都能说两句；广告很难做，因为每个人都只能说两句。因此，广告行业人员和营销行业人员不但要有深厚的专业知识，还要有消费者行为学、心理学、社会学等庞杂的知识体系。

使用避坑指南需要有一些判断标准。第一个判断标准就是回到开始时不断强调的问题：我们是否从生意出发，聚焦目前的核心问题，从现在的A点到之后的B点就是我们想要通过营销战役所达成的清晰目标,到底是改变心智还是改变驱动行为?中间有没有一条明确的、完整的、清晰的逻辑线?所有的战术都应和这条逻辑线相匹配,这都是为了解决我们的核心问题。

第二个判断的标准就是整个作业流程是否为漏斗的形状。在策略端前期做了那么多的功课,后期一定要输出一个明确的结果。如果策略列举了一系列的现象、数据、理论,但最后没有结论,或策略端前期的任何发现和内容同中间那条逻辑线不相匹配,使得最后的结论云山雾绕,就说明策略存在问题。策略要跟结论配合着完成工作,两者的关系就像医院里的诊断医师和主刀大夫。在策略层面上,如果只是摆事实但不讲结论,那就有很大的问题。就像诊治一个病人,诊断医师说这个病人在流血、在发烧、在喊疼、好像要昏迷过去了,然后基于所有的表征,诊断医师并没有给出病人针对性的治疗方案,而是直接把病人推到了主刀大夫的面前说:"你先开刀吧。"因此,如果这两个判断标准出现了问题,那么大概率是策略出问题了。真正的大智慧都指向一点,即把复杂的问题简单化,而不是反过来把简单的问题复杂化。很多所谓的营销大师云里雾里地讲玄学、讲宗教、讲一切,最终却无法给出一个可以落地执行的解决方案,这是我不认同的。

近几年,在营销圈有一个不好的风气,就是很多所谓的营销人会把那些看起来晦涩难懂的专业术语挂在嘴边,仅仅把它们当作一个装饰和点缀,而没有当成真正可以帮助解决问题的工具和武器。这些营销人总是说着满天飞的"散装英语",说着营销新词,比如忽然一夜之间大家都在说直播,都在讲链路,都在谈赋能、Growth Hacking(增长黑客)、场景革命、人货场、IP(知识产权,引申出来的意思指自带流量的人或物）等。实际上，这些都是能够帮助我们解决问题、分析问题的好工具。但是这些工具在某些营销人的手里变成了"打晕"客户的工具：用大词、硬词、生僻词上去就是一棍子，一棍子不够，就多来几棍子。挤掉这些大词、硬词、生僻词的水分以后，我们会发现他什么都没有说，因为里面没有逻辑，没有结论，但是把客户听"傻"了，所以客户会认为虽然我听不懂，但是好像说得很有道理；或者会认为这家伙看起来很专业。就像鲁迅先生说的：榨出我皮袍下面藏着的"小"来。于是，这个"打法"会成功，会拿下生意，但是不能帮助我们解决问题，就像鲁迅先生说的那句话：捣鬼有术，也有效，然而有限。

简单回顾一下上面的内容：第一，我们不断强调一个重点，聚焦核心问题；第二，通过举例的方式阐述我们要时刻保持一个更宽更高的视野，时刻保持着聚焦核心问题的思维习惯；第三，提供一个相对完整的思考逻辑框架，帮助创业者梳理和分析现在存在的问题，以及如何针对性地制订解决方案；第四，提供两个使用避坑指南的判断标准。

人们一直都说创意要"想能上天，做能落地"，若不能给出一些有针对性的、可以落地执行的有效指导和方案，则说再多的道理其实也是"耍流氓"。接下来，我将分享给初创企业一些营销上的小建议。

三、小步快跑地跟上——逐浪

小步快跑，一定要跟上，我们称之为逐浪。在这个阶段别掉队，活下来，先跟风。商场如战场，在群雄割据的战场上，作为一个刚刚入场的"新玩家"什么最重要？活下来，先跟上，不掉队最重要。

（一）要跟上，先跟风：看看别人怎么做

如果在这个阶段我们不知道该怎么做，那么可以先去看看别人是怎么做的，所有伟大的创造都源于模仿。大家完全不用感到羞愧，因为成功企业很多时候也是这样做的。举一个例子，过去一段时间，我们看到有很多的热词一浪接着一浪出现，例如"后浪""打工人""干饭""凡尔赛""耗子尾汁"等。在这之下我们看到营销界一路小步快跑地追赶，其实大多数的品牌行为都在跟风逐浪，这也就是我刚刚讲的，成功企业其实有时候也在跟风。

逐浪有两种不同的表现形式。第一种为追逐流行的热梗。例如，马保国的视频火了，那大家就希望在自己的营销方案里加入一些"耗子尾汁""年轻人不讲武德"等元素。第二种是追逐热门的营销形式。近几年，整个营销的方式百花齐放，先是一拥而上的土味营销，随后嘻哈火了以后，嘻哈风的广告竞相出现，其本质是什么？本质是品牌营销在制造流量思路下的爆款逻辑。也就是说，在一个商业层面已经被验证成功的套路中，跟风成为我们省力和安全的选择。创业初期要求不高，要跟上，先跟风，因此省力和安全是我们可以选择的选项。

（二）逐浪奥秘之一：跟风要趁早

对于跟风逐浪这件事，我提供两个指导性的小建议，我们称之为两大奥秘。第一就是跟风要趁早。第一个送姑娘鲜花的人，我们

可以称他为天才,但如果第二个人还给姑娘送鲜花那就是庸才,如果第三个人继续跟风还去给姑娘送鲜花,我们便称他为"蠢才"。在现阶段我们不期望成为天才,但是一定不要变成"蠢才"。

为什么跟风要趁早?因为越靠近风浪的头部,越能享受到更多的红利。如果及时地发现浪来了,我们该如何捕捉到浪的趋势?我们需要去看大量的、有价值的、成功的营销案例。通过广告门、数英网、麦迪逊邦以及蓝标在线这些工具和平台可以找到丰富的营销案例资源。

(三)逐浪奥秘之二:营销要结合自身的品牌内核

第二,营销要和自身的品牌内核形成有机的结合。套用是已经流行起来的营销形式,我们要注意一点,就是营销要和自己的品牌内核做有机结合。这一定不是物理的、皮毛外向的结合,而要与自身的品牌内核产生奇妙的化学反应。一定要避免为他人作嫁衣。那些流行起来的营销方法和风潮,如果没有办法和我们自身的品牌调性和价值做结合,那么对于品牌形象很难带来正面的影响。我们看到,不少品牌在跟风过程中往往是形式大于内容,只有元素的堆砌,自己的品牌内核在整个风潮里消失了,这是因为缺少内容和观点的输出。所以这种对潮流的粗暴追逐只会让我们的品牌和产品泯然于众人。

举一个例子,2014年的Uber(优步,美国打车软件)做了一系列的"Uber乘一切"的营销。一键呼叫冰激凌、一键呼叫小猫咪、一键呼叫投资人、一键呼叫直升机等。在流行的风潮范式之下,有很多品牌选择跟Uber做Co-Branding(联合品牌、合作品牌)的跨界营销。那几年过去以后，我们回过头再去看这件事情，会发现大家记不住哪些品牌和 Uber 一起做过 Co-Branding，这些品牌在整个营销活动里面所投入的金钱、时间、人力、物力都是为他人作嫁衣，不断地帮助 Uber 去积累了自己的品牌价值。

这部分的核心要点是，在一开始我们可以选择跟风，我们先去学习别人的方法。但对于这件事情我们要聪明地去做，更有价值、更有效率地去做。第一，跟风要趁早；第二，营销要和我们的品牌内核形成有机的结合。

四、倾尽全力打造差异化——造浪

这部分的核心观点就是造浪。通过打造自己的差异化，制造出属于自己的独特浪花。这部分的内容分成两部分。

（一）"红皇后的诅咒"——一味跟风逐浪不可取

首先来说"红皇后的诅咒"。"红皇后的诅咒"来自《爱丽丝漫游仙境》（Alice's Adventures in Wonderland）里红皇后说的那句话：你必须不断奔跑才能停留在原地。这是什么意思？举一个例子，猎豹妈妈的家教是这样的：孩子，你要是跑不过羚羊就会被饿死。反之，羚羊从小接受的教育是：孩子，你要是跑不过猎豹就会被吃掉。双方以相同的模式投入相同的努力，最后就造成了一种局面，这种局面用现在的网络流行词来说就是内卷。大家谁也没有得到额外的红利但竞争更激烈了。而真正的核心要点是通过差异化让品牌被看见，这对初创企业尤其重要。

从根本上来说，营销也好，创意也好，想要获得注意力就要做出差异化。很多营销方式成功兴起之处正是在于出奇制胜。如果我们反复地跟风，频繁地使用并且生硬地套用这样一个框架，就会造成新一轮的审美疲劳，导致投入的人力、物力、财力最后被浪费，白花力气。大家都知道差异化很重要、差异化很好，但如何实现差异化？这就是我们要说的造浪。

初创企业要不要做品牌？回到事情的原点，我们之所以要打造品牌个性，是因为希望让用户爱上品牌。谈过恋爱的人都知道一点，一旦你爱上谁，就觉得对方说得有理，这时就会产生品牌溢价，这可以帮助我们创造更多的利润。同时我们也要冷静地看到一点：建立品牌和品牌变现需要长期持续的大量投入，而且在短时间内很难有一个明确的量化指标帮助我们考量。那么，初创企业要不要做品牌？品牌对于初创企业的价值是什么？我认为该价值不是追求额外的品牌溢价，而是希望通过差异化被用户看见品牌、被用户记住品牌。也许就是一个有趣的名字、一个有记忆点的logo（标志、标识、徽标）、一种跳脱的颜色等，这些都能让用户在茫茫人海中发现我们的品牌。初创企业希望借助品牌在短时间内、在预算有限的情况下，获得足够的关注。

一些企业比如马蜂窝、知乎、BOSS直聘等在世界杯期间投放了很多广告。对于这些广告，用户反应非常负面，骂声一片，用户非常不喜欢这样的广告。但是不被用户喜欢就代表它不是好广告吗？结果我们看到，尽管这些广告遭到了差评，但是所有广告方的热度都上升了，在后台体现出来的数字也提升了。如果按照我们一开始的核心观点，即所有不能帮助创造价值的广告都不是好广告，但这些遭到差评的广告也完成了它的核心要务、终极使命，结果看起来还不错。

类似这样的广告，在我的脑海里第一个想到的是"羊羊羊，恒源祥"。很多用户都反映这是一个特别烦人的广告，其实这种烦人的广告最开始不是发源于中国，它是来自国外。有个烟的品牌叫作LUCKY STRIKE，也叫好彩，该公司总裁乔治·希尔（George Hill）发明了这种不断重复的、"恶心的"广告。这个广告投放时就是以广播的形式不断重复LUCKY STRIKE香烟顶呱呱。当时有很多人包括公司内部都反对这种广告的形式。为了证明自己的策略有效，希尔有次在开董事会时往董事会桌上吐了一口痰，然后拿着手绢一边擦一边问：恶心吗？就是因为恶心，所以让你一辈子都忘不了。

这背后的逻辑就是以这种恶心的方式让别人看到我们。但是，引申出来的问题就是，如果大家学会了这招，都去"吐痰"，那么我们是不是应该站在桌上去跳一段脱衣舞呢？如果大家都站到桌子上去跳一段脱衣舞，那么接下来我们应该怎么做呢？

带着这样的问题，我看到了一个有趣的观点。红制作这家公司的主理人叫岳华平，他以前服务过很多一线品牌，也做出过很多我个人非常喜欢的广告。比如在服务小米的时候，他们的产品有《我们的时代》，当时上了央视春晚。还有后来的《怕鸡毛》——一个关于探索黑科技的片子，非常的年轻化，很洋气。当时我就在想，这样的一家公司为什么会做伯爵旅拍那样令人讨厌和反感的广告呢？有人说，应该把这个创意总监关到电梯里面，让他看一整天的伯爵旅拍的广告。像可口可乐、NIKE这样的大品牌，它们有充足的预算，可以不断地投入品牌建设中去。但有些企业处于创业的初期,不是"知名玩家",它们只是想在初始阶段被人看到,获得知名度,因此我们看到它们的广告主要是在这种充满争议的广告形式里获得了它们想要的生意上的成长。虽然伯爵旅拍当时以这种烦人的形式出现,但到现在它的广告也逐渐回归到了一种主流审美的样子。

(二)如何打造差异化的小浪花

在创业的初期,是不是初创企业就一定要选择这种让人不太愉悦的发展方式呢?这件事情我无法给出一个准确的答案。但是,我在想是不是可以建设性地去思考,除了这种极端的方式,也许还有其他的形式。所以接下来我将分享一些如何打造出差异化的好创意的方法论。这部分有三个关键词,分别是 Copy(复制、模仿)、Transform(改变)和 Mix(混合)。

Copy。你看过真假美猴王吗?它的核心就来自"如果你不会做,就可以先去抄别人"的想法。但要注意,"抄"也有低级和高级、愚蠢和聪明之分。聪明的方法是,可以借鉴别人的叙事结构,借鉴他们的精神内核,借鉴他们切入问题的角度,这是高级的方法。

举一个例子,Wieden+Kennedy(W+K)这家公司其实是伴随着 NIKE 一起成长起来的。多年来,W+K 一直为 NIKE 所有创意的内容服务,W+K 是一家很厉害的创意公司。

关于精神内核,前面说到做广告其实需要大量的、宽泛的知识。Keep 有一条广告,它的 Slogan(标语、口号)叫"自律给我自由"。我发现身边很多人都喜欢这句话。关于这句话,如果你对西方的哲学有大概的了解,就会发现它来自康德的一句话:所谓自由,不是随心所欲，而是自我主宰。可见，高级的 Copy 可以带给我们很多新的成功机会。

Transform。当我们完成 Copy 以后，我们可以在这个基础上加入我们的想法，加入我们的一些小创造，让它做一个改变。如果这个改变还不够原创、还不够差异化，那么我们可以把 Copy 和 Transform 收集来的那些不同的创意方法和内容做一个 Mix，做一个重新的组合。这就是关于 Copy、Transform 和 Mix 的创意速成方法论。

我们要不断地发现那些优质的 Reference（参照），帮助我们快速打造优质的、差异化的广告内容。对于那些优质的、有价值的 Reference，我们要发现它并且灵活运用。无论是跟风、逐浪还是差异化的造浪，Reference 都起到非常重要的作用，希望创业者能够及时发现，灵活运用。

祝创业者"长风破浪会有时"，找到那朵属于自己的独特浪花。

初创企业如何避免死于舆论之口

资深危机管理专家
高胜涛

"初创企业如何避免死于舆论之口",对于很多企业而言都是一个不可回避的话题,它主要包含五个知识点。

第一,危机管理是初创企业必备的"免疫力"。很多时候,企业把它排在优先级不高的位置,实际它对于一个企业来说是一种必备的"免疫力"。

第二,初创企业危机高发的风险点。我们将根据蓝色光标几十年来服务众多客户的案例,结合为企业危机公关积累的经验、数据,给初创企业提出预警。

第三,危机处理中容易犯的错误。我们接触过很多初创企业有类似不当的操作,比如,讳疾忌医或者病急乱投医等,不但没有让初创企业"转危为机",反而加速了整个危机的发展。

第四,简单快速地搭建危机管理体系。这个体系是根据初创企业的特点搭建的一个定制化危机管理体系,非常适合企业的初级发展阶段。

第五,危机管理实战中的保命三招。这三招可以帮助初创企业在舆论或者危机的漩涡中明哲保身，甚至可以帮初创企业度过危机。

一、危机管理是初创企业必备的"免疫力"

提起危机，很多创业者会认为，如果企业出事了，找人摆平就行了，找人删稿就可以了，但我们需要明确说明的是，删稿是违法的，是法律明令禁止的；还有人认为，你给我一个方案，我看看就行，因为我的学习能力非常强，可以触类旁通；甚至有人认为，我是做媒体的，我非常了解媒体的逻辑和工作原理，我搞定它非常简单。这些都是创业者的想法。

在现代企业的科学管理体系中，有五大守护者的角色，包括导师、审计师、律师、政府关系及公关顾问。那危机管理在企业管理体系里具有什么样的作用呢？公关顾问又能给企业带来什么样的守护价值呢？

公关顾问能够在危机管理中帮助企业避免舆论带来的伤害，发挥守护者的作用。同时"懂防守"是企业管理体系中必备的元素，也是企业负责人所必备的能力之一。很多企业负责人是技术大拿、管理大咖、销售冠军，但他们同时还要具备一个能力，那就是企业的危机管理能力。

危机管理的最高境界是什么呢？不是危机爆发后，我们很快地去解决，而应该是没有危机爆发。所以，我们需要未雨绸缪，提前把企业的"免疫力"搭建起来。就像新冠疫情爆发时全球都在争抢的重要资源——新冠疫苗，很多地方甚至出现了疫苗外交,来增强免疫力。对于企业来说,我们的危机管理也要像打疫苗一样,通过前期投入,提升组织的抗风险能力,避免重大危机爆发。

危机管理是整个管理科学的一个细分领域。当危机出现后,有危机管理体系的企业,能够大大降低整个危机对企业的危害,等于为企业买了一个舆情保险。危机没有出现时,企业正常运营;危机出现后,可以最大化地避免风险的危害。

同时,危机管理的核心不是执行的问题,而是企业负责人的意识问题。在企业里,负责人是否有危机管理意识会影响整个企业的发展,因此,危机管理意识要从负责人开始强化。

现在我们看这样一组有无危机管理体系的对比案例。

这是发生在直播带货领域的案例。辛巴和罗永浩在直播间带货的产品分别发生了质量问题,但是两个人在危机出现后的不同应对,导致危机带来的伤害截然不同。

我们先看辛巴的案例——燕窝事件。最开始,辛巴直播带货的燕窝产品被消费者反馈有质量问题,可能存在假冒伪劣的情况。辛巴没有第一时间去找第三方检测机构鉴定,而是在直播间里展示企业提供的相关资质,并且与该消费者进行"互怼",还扬言要去状告一些进行报道的自媒体。当被"打假狂人"王海拿出第三方鉴定报告打假后,辛巴才道歉并进行了赔偿。但此时,互联网上已经形成了一个非常大的负面舆情。最终,当地政府有关部门对辛巴进行了处罚,直播间还被平台封号六个月。

而当相同的情况发生时,罗永浩就采用了截然相反的处理措施。当有消费者投诉说他卖的产品有质量问题后,罗永浩团队在第一时间就找到第三方机构进行鉴定。当产品发生质量问题时，主播、平台、厂家都不是裁判，第三方机构的鉴定报告才有说服力。鉴定报告出来后，再进行回复，有事实、有依据。属于哪一方的责任，是罗永浩的、平台方的、还是产品厂家的，大家各自去认领属于自己的责任。在这个过程中，我们能看到罗永浩的态度和他勇于承担的形象。最后，这次危机不仅没有造成很大的伤害，而且还帮助罗永浩获得了一定程度的良好声誉。

就是这样一组结果截然相反的案例，充分展示了企业危机管理意识的重要性。

二、初创企业危机高发的风险点

根据过往的经验，我们总结出初创企业危机高发的风险点主要有五大方面（见图 3-10）。

第一，"树大招风"。可能有创业者觉得，一个初创企业怎么会树大招风？这里会有一种情况，如果初创企业在某一个领域里属于先行者，在这个领域相对其他竞争对手走在了前列，那么就会产生树大招风的情况，不可避免地会面临一些竞争对手的不正当竞争行为。

第二，纠纷。纠纷包含多个方面：财务纠纷、人力纠纷、与消费者间的纠纷，甚至还会涉及与物业、厂区的纠纷等。

第三，"躺枪"。"躺枪"指舆情没有出现在我们自己的企业身上，但一些完全不相干的品牌或一些社会事件，与我们的品牌进行了关联，我们就成了被动的受害者。

第四,"踩雷"。"踩雷"指企业所做的某一件事情或某一个行为,正好处于一个道德风险点或法律风险点上。

第五,政策。我们从事的行业可能还未出台国家相关管理政策,当某一个国家的相关管理政策出台后,可能就会对这个行业产生一些影响,这时就会给企业带来很大的危机和舆情。比如,随着国家加强对电子烟行业的管控,很多电子烟企业会面临被国家政策管控的风险。

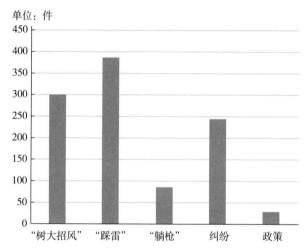

图3-10 2010—2020年初创企业危机高发的风险点

资料来源:由内部资料整理而得。

这里还有一张企业危机的自查图谱(见图3-11)。这个罗盘最内圈是企业内部管理的风险,包括法务、人力资源、业务、财务等。

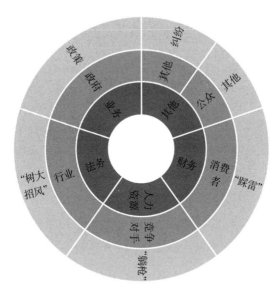

图 3-11　企业危机自查图谱

第二圈是初创企业将会面临的来自外界的压力和风险。比如行业发展大趋势、竞争对手、公众、消费者、政府等。

最外圈就是刚才分享的初创企业五大危机高发的风险点等。

这张图谱的每一个圈层都可以转动，像罗盘一样，创业者可以对照观察自己企业的风险点在哪个地方。

举一个简单的"躺枪"例子。2020年新冠疫情刚刚爆发时，新冠疫情的英文单词和啤酒科罗娜的英文名称很相似，公众在谈到新冠疫情时，就会联想到科罗娜这个啤酒品牌。对这个啤酒品牌而言，这就属于"躺枪"，实际上新冠疫情和科罗娜品牌没有任何关联。最后，科罗娜品牌还被迫进行了回应，说科罗娜品牌和新冠疫情完全没有任何关联，科罗娜品牌也不会拿严重危害全球人类生命健康的事件去进行炒作。

这里要重点说一下，有一点不属于危机管理的范畴，那就是企业的"原罪"。例如，曾经有一个非常火的车企品牌叫赛麟，这个品牌在上海有全球总部，在美国有研发中心。它曾经在北京鸟巢体育馆举办过一次非常盛大的发布会，甚至邀请来了很多好莱坞明星助阵，舆论声势非常浩大。但随着对这个企业的深入了解，人们发现其相关产品不合格，内部风险管理形同虚设，最终被其内部法务高级经理实名举报赛麟品牌利用国家新能源政策骗补贴，欺骗员工，诈骗投资人。

所以，企业负责人可以根据企业的情况自查企业危机风险，除企业的"原罪"外，其他的危机我们都可以通过自查的方式提前发现风险点，并进行规避，避免危机的发生和扩大。

三、危机处理中容易犯的错误

在危机处理中，创业者经常会犯一些错误。

第一，讳疾忌医或者病急乱投医。创业者中总有一部分人有舆情洁癖，只能听正面舆情，不能听负面舆情。他分不清楚舆论的噪声和真正危机之间的区别，对负面舆情采取零容忍的态度，不能听到任何来自消费者或者媒体的负面舆情。

其实创业者大可不必如此。华为公司的任正非曾经在2018年谈及公共事务以及政府事务工作时讲过一段话，可以给创业者一些参考。任正非认为华为公司应该允许正面评价、负面评价同时存在，并保证负面评价占比在30%左右。他用了一个生活化的比喻解释这个观点：长江有主航道，也会有一些漩涡，在漩涡的边上还会飘着一些木屑；长江的中心流速很快，而边上流速又相对慢一些，还会有一些回流……他认为，这才代表了一个企业真实的公众形象，主航道代表了正面评价，占比在60%—70%；其他影响代表了负面评价，占比在30%—40%，这样才是公众对一个企业客观正确的评价。

对企业而言，所有人都说好，没有一点负面评价，这是不正常的，消费者也会觉得反常；反倒是有一些负面评价的存在，利于消费者进行判断，这才符合大众传播的逻辑。

第二，相信偏方。偏方就是相信有高人、技术大牛或声称有政府关系的人可以铲除初创企业的一切负面评价，但其实不能解决实际问题，同时有偿删帖更是犯法行为。

第三，和舆论讲道理。很多创业者在舆论爆发时，往往急于跟媒体展开辩论，与媒体争论对错。此处我阐述一个观点：舆论的世界和现实的世界其实有很大的差异，讲道理这种方式在舆论的世界里是一个重灾区。针对一个观点，讲一千遍道理，不如给一个态度或事实更容易被接受。

通过一个案例，我们来分析怎样理性看待危机。腾讯和老干妈之间因为广告费产生纠纷，最后腾讯发现和自己签订合同的这个老干妈是个"李鬼"。当整个事件逐渐明朗之后，腾讯用调侃的语气发了几个公关稿，让舆论很快地过去了。比如说，今天中午的辣椒酱好像也不香了等。腾讯用自我调侃的方式把自己放在了一个弱者的位置上，通过幽默的方式，让这个事件迅速从公众视野中淡化。危机发生后不可能存在完美的、对企业毫无伤害的解决方式，但我们可以通过一些方式，使舆情转换角度，迅速地度过危机。

四、简单快速地搭建危机管理体系

这个知识点是特别为初创企业而定制的,可以让我们把有限的资源发挥到最大的效用。

危机管理体系有三大要素。在讲述三大要素之前,首先要明确一个原则,危机管理不是"铲事儿",它是一个系统的、长期的维护企业美誉度的工程。只有企业将危机管理体系落实到实际日常工作中去,才能在危机爆发时发挥危机管理体系的作用。

危机管理体系的三大要素是什么呢?第一要素是完善的防御准备,分为应对策略、应对内容以及舆情监测。第二要素是高效的执行体系,在这个执行体系下,我们需要一个重要的危机管理小组来运转。第三要素是强大的运作资源,这个运作资源分为两大类:一类是国内外媒体资源;另一类是行业主管部门核心资源。

这三大要素构成了危机管理体系的骨架。首先是监测体系。这是我们花小钱办大事里必不可少的一环。我们都知道舆情是瞬息万变的,如何快速有效地去监测舆情呢?现在的媒体监测公司在公关领域已经非常成熟了,企业每个月只要投入2万—3万元就可以获得一套标准化的服务,该服务能监测全媒体舆情,一天24小时覆盖多平台、多维度信息,能够从各大新闻客户端把和企业相关的关键信息迅速地抓取出来,并把一些数据形成可视化报告提供给决策者做参考。

其次是危机管理小组。危机管理小组必须由企业核心负责人作为牵头人,还需要包含公司日常管理部门和运营部门的相关负责人,以便危机出现后,每个部门都能够快速响应。有了这些人员组成,危机管理小组就可以开始运转了。此时,当危机出现后,我们就可以分级应对,比如这个舆情没有引起大家广泛的关注,只是初创企业内部知道,那就可以不用介入那么多部门,应对措施及相应的投入资源也比较少;当舆情涉及一些国家重要媒体或者涉及消费者生命财产安全时,那应对措施和风险防范动作就会完全不一样,需要投入更多的资源。

最后是媒体资源。媒体资源也会分级,从自媒体到日常传统媒体,再到一些重要的官媒。分级后,在应对不同级别舆情时,我们就可以采用不同的沟通策略。

五、危机管理实战中的保命三招

危机管理需要系统化的学习,更需要实战演练和企业负责人的重视。当你站在聚光灯下面的时候,当你面对媒体镜头的时候,你应该知道自己怎么说以及什么能说、什么不能说,这都需要重视起来并演练,也需要应用到危机管理实战中的保命三招。

第一招,要第一时间反应,但未必第一时间回应。当危机出现之后,在过往的危机管理经验里,时间是一个非常关键的因素,能否在第一时间进行回复、做出反应,决定了危机应对的成与败。但是,在这里要明确,必须在第一时间做出反应,但未必要第一时间去回应,反应和回应两者是不一样的。

为什么呢?我们每天可以看到很多上榜的热点新闻,大部分企业的相关新闻只要没有添加新元素,基本上2—3周就已经销声匿迹了。在这个过程中，如果没有事件当事人回应，这件事情可能就只能在原地打转，慢慢地被新的热点所取代，新闻的"陀螺"也会旋转后逐渐停歇。

还有很多新闻报道本身可能没有什么问题，问题出现在下面的评论或者视频的弹幕上。这些评论区会有一些支持或反对的声音，争论多了就会产生新的新闻，这时就容易让这个事件重新变成热点新闻。

在面对舆论时，真正好的应对方式还需考虑到当事人在回应的时候，素材、事实是否都已经清楚。

下面，我们来分析一个案例。

2017年8月，《法制晚报》发表了《记者历时4个月暗访海底捞：老鼠爬进食品柜，火锅漏勺掏下水道》的报道。平时，大家对海底捞的服务都赞叹有加，但这个报道出来之后，大家突然发现，原来管理这么好的一家餐饮企业，竟然也会发生这样的事情。

海底捞是如何应对这个舆情危机的呢？首先在三个小时后海底捞就发布了第一篇声明，这一篇可以说是"反应快"。海底捞首先承认了这个曝光事件属实，此外说餐饮行业总会有这样一些食品安全问题，并对媒体及有关部门表态尽快查明原因、拿出整改方案。八个小时之后，海底捞发布了第二篇声明，这一篇可以说是"回应暖"。过往的危机管理中，企业很多时候都是"甩锅"给临时工，而此次事件中，在当事门店自查清楚原因后，海底捞的做法可以总结为：锅我背、错我改、员工我养。海底捞主动承担责任，并督促其他门店全部彻查管理漏洞,在给媒体发的通稿里,将每项整改措施落实到人。在这次事件中,海底捞让公众看到了一个负责任的大品牌的担当。

对于这个事件,我们可以总结为"反应快、回应暖、舆论转"。海底捞第一时间做出了反应,但它没有第一时间回应出具体的整改方案。当做出第二次回应时,已经是素材、事实准备充分的时候,一回应就起到淡化、扭转舆论的作用。

第二招,危机处理的舆论降解法。它是把有害的关注点转移或者化解为一些无害的或者是影响小的关注点。

举一个"钉钉历险记"的例子。在新冠疫情的影响下,中小学生没办法回学校上课,这时钉钉软件被教育部选中成为官方指定的中小学生网络学习平台。这是因为钉钉软件的专业性才被选中的。但对于中小学生来说,好不容易能够不用回学校上课了,突然间又出现了钉钉软件,让他们重新回到了课堂,这是一件让中小学生很不愉快的事情。所以,钉钉软件在被下载了11亿次之后,它在应用市场的评分从4.9分一下降到了1.6分,在应用市场里,这种评分基本就濒临下架的危险了。

钉钉软件针对此次危机的应对措施是什么呢?它联合淘宝发布了一个在线求饶的公关文案,获得了很大一批网友尤其是中小学生的好感。公关文案包括:我只是个五岁的孩子,求求这些少侠们放过我吧,等等。钉钉其实是用幽默的方式,用中小学生习惯的语言,跟他们进行沟通,通过这种弱者心态的表达,俘获了中小学生的好感。结果是钉钉在应用市场的评分也逐步回升。

第三招,媒体采访的搭桥术。媒体采访的搭桥术会在什么情况下出现呢？当你被媒体记者逼到了无路可退但又必须针对某件事情做出回应的时候，就可以用上该方法。

举例来说，如果媒体记者提问：企业现在出现了这么严重的问题，您有什么看法，您有什么反馈，或者您对行业内这样的事件有什么样的观点，或者您对竞争对手有什么样的评价，那么在这个时候，如果不想表达一些直接的观点，就要学会几种措辞方法。

第一种，"这是个有趣的问题，不过今天我更想强调的是我想说的……"；第二种，"让我们从另外一个角度来看待这个问题，回到我们企业本身，我们想说的是……"；第三种，"还有另外一个更重要的问题是……，这个问题就是今天我想说的……"；第四种，"我明白您的意思，不过还有一个层面或者还有一个维度，我觉得可能和这个事件更加相关，它是我今天想说的……"。通过这一系列的话术，最终绕回企业想传达的信息，这就是媒体采访的搭桥术。

最后，借用英特尔前总裁安迪·格鲁夫（Andy Grove）的一句话作为结尾：糟糕的公司在危机中倒下，优秀的公司从危机中挺过来，更多伟大的公司会从危机中变得更强。也希望我们的企业能够在经历风雨之后，终见彩虹，成为一家伟大的公司。

第四部分

初创企业的力量源泉
——人力资源

初创企业的人力资源管理

> 镇洋咨询战略 CHO
> 资深顾问
> **代冰**

我曾经在两家非常知名的中国民营企业巨头工作过十几年，作为顾问，也服务和辅导过上百家中小型初创企业，因此，我以实战派的经验来与读者一起分享初创企业的人力资源管理。

一、人力资源管理的价值与贡献

在做顾问的这些年，我感到非常欣慰的是非常多的初创企业能够看到 HR（人力资源）的价值并努力寻找合适的人选作为 HRD（Human Resource Director，人力资源总监）来为公司服务，但我们也发现，仍然还有一部分创业者认为人力资源的作用就是招聘和发工资，所以我们首先要分析的是，人力资源管理到底能够为初创企业带来什么样的价值。

随着经济的不断发展，人力资源管理体现出来的价值与贡献也截然不同。人力资源发展主要分为三个阶段。第一阶段，即人事管理阶段。HR 主要为员工提供一些基础性的人事服务，如办理入职离职、缴纳社保、协调劳资关系。在一段时间后，进入第二阶段，即人力资源管理阶段。该阶段认为组织内的员工是资源，需要不断投入开发，强调用工成本，挖掘员工的潜力和价值。人力资源管理计入成本管理，较难释放潜力和提高生产力。之后就进入第三阶段，即人力资本管理阶段。该阶段认为员工是资本，强调投入产出比，关注人才所具备的能力素质、知识技能以及内驱力、价值观等，更关注真正带来价值产出的要素、关键人才的发展。所以人力资源管理不是简单看成本，而是看企业在员工管理方面的投入产出比。换句话说，人力资源管理不是只看投入多少钱，而是要看具体的回报率是多少。

从这三个阶段的发展来看，HR过去的定位是人事服务，离业务较远，支持业务部门；现在的定位是贴近业务，密切响应业务需求，成为业务伙伴部门；未来可能是基于数据提供前瞻的业务洞察，成为商业战略部门，驱动业务不断发展。

管理大师彼得·德鲁克（Peter Drucker）说过：人力资源管理部门今后将发生极大的变化，它将不得不应对各种新的困难和任务。也就是说，人力资源管理部门将作为"直线"部门而非"职能"部门，即新经济时代HR的角色是组织变革的设计者、推动者、组织发展专家、企业的战略伙伴、跨文化管理者和沟通者、组织冲突的解决者、企业经营的顾问、员工的教练与支持者。HR必须适应组织变革的环境并结合经营战略，成为企业的战略合作伙伴。

二、初创企业是否需要 HR

既然 HR 这么重要，能带来如此大的价值和贡献，那么初创企业是否需要 HR？这个答案是毋庸置疑的，初创企业自然是需要 HR 的。这里需要分清两个概念，一个是 HR 岗位，一个是 HR 角色。我们发现，在部分初创企业虽然没有 HR 岗位，但并不意味着没有 HR 的角色，没有专职的 HR 不代表没有人干 HR 的活，团队里照样会有人承担 HR 的角色，比如收简历、面试、签合同、发工资等。所以，我们在这里讨论的是是否需要专门设置 HR 岗位。其实这个问题没有一个定论和标准化的答案，主要根据初创企业的业务性质和业务发展情况来灵活处理。

一般来讲，在企业初创阶段，HR 的主要工作任务就是招聘和一些基础的人事服务。所以大部分企业都由创始人或者合伙人兼任 HR，招聘的主要力量自然也是他们，他们会花费大量的时间和精力，通过他们的人脉、在行业或者圈子内的影响力，来吸引志同道合、有管理能力、有工作经验且相关背景比较符合需求的人员。

在初期团队组建成功后，经由早期通过创始人或合伙人的人脉等方式招聘之后，个人的资源会慢慢枯竭。随着团队成员越来越多，招聘工作也相对更标准化，团队创始人的精力和关注点也要开始转换。由原来招兵买马，到现在需要转变成一个领头者，把员工团结在一起，完成创业的前期目标。这时创始人就需要找专人承担 HR 的相关工作了，开始搭建绩效、薪酬、培训、文化等工作的专业框架雏形。

当企业员工规模接近 100 人时,一定要开始考虑搭建 HR 框架机制了,这时如果还没有一个能做策略、做架构的 HR,就要考虑抓紧时间招聘了。可以在员工规模为 50 人的时候,就开始策划布局,搭建 HR 框架机制。

所以,在公司不同的发展阶段对 HR 的能力要求也不同,可以根据公司的具体情况,做好人员配置和团队策划。

三、初创企业 HR 需要关注的问题

在初创企业不同的规模阶段如何配置 HR 岗位工作呢?在这些阶段,HR 需要重点关注的工作内容都是哪些呢?

招聘其实就是吸引人才。这里说的招聘,不是简单地帮创始人挑选简历,招到员工来干活,而是需要了解业务,知道业务需要什么样的员工。严格把关才能使招聘来的员工充分认同公司的愿景和事业,与公司有共同的追求和目标。在这种情况下,创始人不需要费尽心思使用管理手段去驱动员工。为了做到这一点,创始人在集中招聘的时候,投入大量的时间都不为过。

内部沟通是为了打造一个坦诚而高效的氛围。20 人以内的员工完全可以依靠相互熟悉和信任的亲密关系组织起来。这种亲密关系,是通过透明的信息流动、有效的沟通以及团建活动等促进深入的了解而建立起来的。

当初创企业发展速度快、员工人数增长多时,管理者的选拔、绩效管理、内部沟通和员工培训成为非常重要的任务。在这个阶段,需要建立更加稳健的管理体系,以保持组织的高效运作和员工的积

极性。

为什么一个初创企业在高速发展的阶段最重要的事情不再是招聘呢？招聘当然还是重要的，但创始人要做到完全控制招聘结果会越来越难。一方面招聘工作会转向标准化；另一方面中层管理者的决策会对初创企业产生较大影响。这时，创始人与其抓招聘，不如抓中层管理者。

对整个初创企业的组织有效性产生关键性影响的正是这些中层管理者。他们能在一线分配工作、管理项目进度和质量、直接对员工提出要求。初创企业最重要的事情是什么？初创企业想要什么样的结果？是中层管理者通过日复一日的管理传递给员工的。

中层管理者在此时成为公司的信息枢纽。做好中层管理者的管理工作，就是抓住了关键控制点。如果中层管理者是所有员工的表率并选择志同道合的人加入初创企业时，那么在需要有高质量产出的时候，团队的驱动力、组织的有效性和员工的能力匹配度就有了基本的保障。

但是，随着员工人数的增加，我们必须要提供多样的沟通渠道，来保证创业故事、战略目标和业务结果评价得以准确传递。因此，这时要做系统化的内部沟通，而不仅仅是点对点的沟通。系统化的内部沟通方式包括定期的全员大会、团队建设的活动等，活动形式可以是正式的和非正式的。

实际上，新员工培训也是内部沟通的一种方式。新员工获取信息的渠道一般要比老员工差得多，通过新员工培训等多种沟通方式可以帮助新员工从固定的内部沟通中获取有效信息。内部沟通形式可以多样，甚至只要员工们开一次午餐会、做一次问答、喝几杯咖啡,就能对新员工获取信息有帮助。

除了以上这些重要的工作,创始人还可以根据企业情况,发现初创企业在内部驱动力、组织有效性和员工能力匹配度上存在的具体问题,由此来调整未来企业的工作方向。

前面提到,当企业员工规模达到100人时,就需要搭建全面的HR框架机制,开展系统性的人力资源工作。在这个阶段,HR需要关注以下几点。

第一,心中有目标。HR工作的最终目标与业务是一致的,即帮助初创企业达到商业成功。HR必须保持强结果导向,否则就是在"自嗨",也很难关注到业务部门的需求,做了很多业务部门不需要的工作,即自己"想当然"的工作。这样不但不能很好地服务业务部门,反而给业务部门增添了负担,经常遭到业务部门的"吐槽"和"抵触"。

第二,基于目标的要求,运用专业能力,制订匹配的人力资源策略。HR应该通过高效敏捷的流程、方法把解决方案落地,帮助业务部门解决问题,建立员工管理机制,建设高绩效的管理文化和企业文化,建立源源不断的人才供应机制,完善绩效薪酬机制,盘活员工的"选、用、育、留"机制,全面提升组织能力。

总而言之,当员工规模在20人以内时,HR需要关注的重点工作就是招聘和以信任关系建立初期团队。当员工规模在20—100人时,HR需要关注的重点工作是选好、用好核心人才——中层管理者,做好目标管理,确保目标实现的可能性、可控性,以及建设持续的、多元的企业文化,同时在员工规模不断扩张的同时加强新员工的管理,帮助新员工快速融入企业环境和产生贡献。当员工规模在 100 人以上时，HR 需要开展全面的、系统化的人力资源管理工作，需要配合公司战略进行人力资源规划。

四、初创企业需要什么样的 HR

我们来明确一下 HR 的能力要求，我认为主要包含以下几个方面。

（1）专业能力。需要有较好的专业功底，能够及时有效地帮助公司和员工解决各种相关问题。

（2）学习能力。术业有专攻，一个人很难做到面面俱到，因此需要 HR 具备极强的学习能力，能够迅速结合业务需求了解并掌握不同领域的知识方法和工具。

（3）业务敏感度。HR 不仅要了解当前问题应如何解决，更要了解未来问题应如何预防。比如，构建团队、提升组织能力、打造核心竞争力、建设企业文化、提升领导力等。

HR 必须懂业务，了解业务，能够分析出业务的痛点和需求，这样才能服务好业务，因此 HR 必须主动贴近业务，学习业务。多参加业务部门的会议，策划和组织公司的经营分析会，与业务员工一起跑市场、见客户等，都可以帮助 HR 更好地体验和理解业务。再扩大一点可以说，外界人才市场有何变化？竞争对手的人才策略有何调整？人才管理政策有何导向？HR 能为业务决策提供哪些方面的有力支撑？通过了解这些情况，也能提升 HR 的业务敏感度。

（4）人际理解力和沟通协调能力。听得懂业务的语言、理解业务的痛点、掌握用人的技巧，用"开放、妥协、灰度"的领导手段开展工作,而不是"指挥、控制、命令"的行政手段束缚业务发展。

(5)整合资源和多角色平衡能力。通过开放系统来盘活内外部人力资源,以达到"为我所知、为我所用、为我所有"的目的。同时从组织、业务、个人三个层面平衡各方的需求。

(6)结果导向。不是看招聘了多少人,开展了多少场培训,策划了几次活动,而是看经营目标是否实现,人均效能有无提升,人力资源投入产出比有无改善。

五、人力资源管理的责任人

看到这里,或许有些 CEO 和高管会很高兴:HR 原来可以为公司做这么多事,那是不是招到一个相对来说不错的 HR,就意味着 CEO 可以当个甩手掌柜,只管业务了呢?而且现实中也经常出现很多部门到了年底由于种种原因任务没有完成,便"甩锅"给 HR 的现象,例如会埋怨 HR 没有招到新员工等,此时 HR 也很委屈,因此我们可以来探讨人力资源管理的责任人到底是谁。

1996 年,华为在梳理《华为基本法》时,就明确提出了人力资源管理工作是全体管理者的职责。管理者有培养团队成员、提高组织能力和传递企业文化的使命和责任。

因此,一个部门人力资源管理的第一责任人是部门的负责人。往大了说,一个公司人力资源管理的第一责任人就是这个公司的 CEO。而 HR 作为推动者和协助者,帮助业务部门和 CEO 解决问题,从而达到促进公司发展的目标。

打造高绩效团队

> 华章优诺商业教练创始人、资深导师、核心高管团队绩效提升教练、资深培训师
> **鲁华章**

在长期辅导企业的过程中,我看到很多企业或组织在管理中遇到了以下方面的团队问题:如团队中人才的可持续发展、团队成员的彼此信任、团队的创造力和凝聚力、团队的目标感和执行力等。关于打造高绩效团队,我们将从三个方面来探索。

一、什么是真正的高绩效团队

当谈到打造高绩效团队这个话题时,我的脑海里浮现了几年前辅导企业的一个场景。那时我刚刚接触企业辅导这个领域,一个领导者对我说:他的高管团队是不错的,他们非常听话,工作效率也挺高的,但现在企业需要接受一项新的任务,需要转型,看一看如何才能带领大家顺利完成转型变革。

来到这个团队后,我们发现事实和我们开始听到的情况有些许不同。在一次讨论会上,我们注意到这个领导者站在台前演讲时慷慨激昂,而台下有人玩着手机,有人在说话……再后来,在一次团

队共创的过程中，当领导者问公司战略是什么时，每一个人都能清晰地说出一组数据，这是战略目标的一种表达方式。而当我继续询问该数据意味着什么？大家的态度就开始有所不同了，有人说"其实吧，我不太理解""这个啊，是什么意思呢"，也有人说"我不太同意你的意见"……

其实对一个团队来说，遇到这样的情况也不一定是一件坏事，因为有时意见不一致可以让一些战略或者问题在彼此沟通碰撞中变得更加清晰。但是，当时这个领导者听闻大家有不同看法后在争论的现场，愤怒地拍桌离席而去。所以，就这样的情境，我想让大家思考的是，这是不是一个真正的团队？

（一）什么是真正的团队

我们来分析真正的团队应该具备什么样的特征。第一个方面，领导者要有清晰的边界，知道做什么，不做什么，知道每个团队成员的职责；第二个方面，所有的团队成员都应知道，他们是为了某个共同的目标而相互依赖、相互协作，共同努力去达成既定的目标；第三个方面，团队成员之间要有稳定的关系，在工作中能相互合作。这是真正的团队需要具备的一些特征。大家可以想一想，现在你带领的团队是不是已经具备了这些特征。

（二）什么是高绩效

高绩效指具有一定素质的员工，为卓越完成所在职位应承担的任务和责任，在不同阶段达成的成果以及在实现目标的过程中的行为表现。首先是有一定素质的员工，此处强调的是"有一定素质"；

其次是卓越完成所在职位应承担的任务和责任，这里有一个词，强调的是"卓越完成"，而不只是"完成"；最后是在不同阶段达成成果，以及在实现目标过程中的行为表现，这表明既要关注成果，又要关注在这个过程中的行为表现。

（三）什么是高绩效团队

大家可以看到团队这个英文单词 Team（团队）是由四个字母组成的，可以分别理解为 Together（一起）、Everyone（每个人）、Achieve（取得）、More（更多）。综上，一个真正的高绩效团队，是所有的人能够共同朝向一个目标，并且在这个过程中每个人也会获得更多。我再强调一个词——欢乐，也就是在这个过程中，每个人都能够感受到欢乐。所以，高绩效团队（High Performance Team）的英文缩写为 HPT，即团队成员彼此信任、互相协作、共同学习、共同实现组织目标。

二、团队不同发展阶段的绩效表现

一个团队在不断发展的过程中会经历以下几个重要的阶段。

（一）从绩效曲线看团队发展阶段

团队刚开始成立的阶段是形成期。大家合伙做一件事，团队成员聚集到一起，不断地尝试和探索：团队要实现的目标到底是什么？团队究竟在做一件什么样的事情？为什么必须要做？在这个过程中，每个人承担的职责是什么？在创业初期，每个人都热血沸腾，都愿意承担更多的职责，所以在这个时期，职责上有时就没有那么清晰，偶尔会发生冲突，但团队永远充满生机和活力，大家紧盯目标，并没有精力计较太多。

在团队形成后，随着冲突不断增多，就会自动进入下一个阶段，即动荡期。在不断动荡和洗涤的过程中，一些规则开始形成，团队成员将意识到在遵守规则的情况下，团队绩效表现会更好。

在规则的指引下，团队开始形成相对正式的组织架构，团队进入一个稳定的时期，即规范期。在规则的要求下，团队成员各司其职，逐步磨合成顺畅的协作方式。在此基础上，团队成员开始探索，如何在自己的岗位上或者在团队中发挥领导力的作用，通过彼此间的激励和协作，让团队逐渐进入高绩效团队阶段。

我们来看一看绩效曲线是什么样的（见图4-1）。在形成期，每个人都想在这个团队里奉献得更多，所以这时人们可能更加冲动、任性，能多干一点就多干一点，干到哪儿就算哪儿。因为这个时候大方向还没有那么清晰，每个人的职责也没有那么清楚，显然在这个时候会有很多时间是在重复地做事情、是在耗能。在绩效曲线里，这时绩效的位置是比较低的。随着团队成员在这个过程中不断地摸索，团队就开始琢磨到底谁干这个事更合适、是不是要遵守一些规则、按照领导的要求去做会不会减少一些冲突？……在这个阶段，过度地依赖他人又会造成有一些职责没有人来承担，所以进入团队的动荡期。但大家都在寻找合适的岗位，尝试去承担更合适的责任。随着大家不断地进行这样的碰撞，大家慢慢地找到了自己的岗位，每个人都知道在这样的岗位上自己应该承担什么样的职责，这样团队就进入了规范期。在这个阶段里，每个人可能都会认为自己是一个高绩效的人。

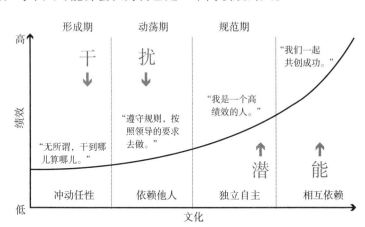

图 4-1 绩效曲线

（二）你的团队力在哪里

如果你是团队的领导者，那么你是不是特别希望团队中的每个成员都能笃定地说"我是一个高绩效的人！"但事实上这样的团队并不多见。有这样一项调查，在高管团队中，让每个人去评价自己的投入度。大家猜一猜，每个人认为自己的潜力到底发挥了多少？或者在这一刻你也可以问问自己，作为一个团队的领导者，你的潜力到底发挥了多少？

这项调研的数据显示，现在高管团队的潜力发挥水平是66%。由此可以看到，每个人还有更多的潜力可以挖掘。这也是为什么现在很多团队不断地探索如何赋能、如何激发团队成员内在的活力，如何让团队成员能够更好地把潜能发挥出来。一旦团队成员能够且愿意把自己的活力和创造力奉献出来，所有团队成员就会意识到，我们在一个团队中是彼此信任的，彼此之间是协作的，就好像齿轮一样，彼此之间是密切咬合的。只有团队成员配合默契，才能够真正地发挥团队大脑的创造力，实现1+1大于2甚至大于N的效果。这是一个高绩效团队应有的表现。在这样的团队里，团队成员经常会这样去表达：就是因为我们这帮人聚在一起才会取得成功，也只有我们聚在一起才会成功！这是一个高绩效团队的成员发自内心的一份承诺。

换一个角度，每个团队的领导者都可以在这一刻去衡量一下你的团队力在哪个阶段。我把团队力划分成了三个阶段：第一阶段，实际上每个团队成员都有一些小心思，都有自己想要达成的目标，很多时候这个团队之间并没有协作，绩效的发挥是"得乎其下"的，资源的利用率也是很低的；第二阶段，从表象上看，这个团队还是不错的，虽然步调有一些不同，但是团队成员在认知上都认为自己已经很好地投入了，我们是一个团队，这时在整体的绩效发挥以及人的潜能挖掘上是"得乎其中"；第三个阶段，叫上下同欲，即上面所思和下面所想是一致的，团队间能够步伐一致，在这个阶段我们说绩效的实现是"得乎其上"。如何才能让一个团队上下同欲呢？

三、如何打造高绩效团队

·当我们清楚了团队在不同阶段的绩效表现是不一样时，一个问题就浮现出来——我们如何去打造高绩效团队？这个问题应该从哪些方面入手思考呢？

（一）绩效公式

在教练领域里有一个绩效公式，$P=p-i$（绩效 = 潜能 – 干扰）。在图 4-1 的绩效曲线中，在开始阶段，人们花费更多的时间在抑制干扰，在后期，人们花费更多的时间在提高潜能，所以绩效曲线就变得越来越陡。在企业管理的过程中，我们要做的是如何让团队员工都能够最大程度地提高潜能，尽可能地减少干扰，即减少浪费的时间和精力，这样一来团队的绩效表现就变好了。这正是大家常说的那句话：只有力出一孔，才能利出一孔。那如何去实现这一点呢？

（二）打造高绩效团队

我从两个方面来介绍。一方面，领导者本身需要不断地去实现意识的进化；另一方面，作为领导者，有义务和团队成员开展有效对话、达成共识，同时也要支持团队中的每一个成员能够进行有效的对话。值得注意的是，此处我并没有用高效一词，而是用了有效一词。实际上，我们若能够让每一次对话都是有效的，则长此以往就会形成高绩效团队。

1. 转变意识

从这个角度来说，我们的意识需要有两个方面的转变。在大多数的情况下，一旦我们遇到了困难和挑战，往往会习惯进入这样的思考模式：出了什么问题？这个问题是谁造成的？这个问题是什么原因造成的？如果这个问题继续持续下去的话，不就影响企业发展了吗？同时也会影响个人发展，还会产生更大的问题。必须有人为此负责、付出代价……在这种时候，很多团队就开始着力去探索原因和问题了。

其实大家有没有注意到，在遇到困难和挑战时，我们已经把关注点和精力都放到干扰的部分了，并没有关注绩效。所以在这个时候，我们如果关注绩效，就需要进行第一个转变，即把目光从过去投向未来。我们再来看一看"绩效"这两个字。先说说"效"，它代表着有效，怎么才能有效？需要有正确的方向。一个团队要能够清晰认识前进的方向，即德鲁克在《卓有成效的管理者》(The Effective Executive)中描述的那句话——只有找到正确的方向时，才可以"以终为始"开始行动。接下来才是"绩"，它代表着成绩，我们能够获得什么样的成果，如何正确地完成一件事等。

我们需要进行的第二个转变就是关注我们想要前进的方向，关注我们的目标，关注目标实现以后是什么样的。结合绩效我们再来看一看如何提升绩效，也就是如何提高我们的管理水平。首先看一看"理"是什么？其实就是要梳理清楚我们要前进的方向。那我们如何才能够让团队成员都知道前进方向在哪里呢？如果我们告诉团队成员尤其是"90后""00后"，你就应该去到那里、应该这么做，那么我们会发现，这样的管理方式会遇到巨大的挑战。我们需要调整沟通方式，问出激励团队成员的好问题，如哪里是团队想要前进的方向？哪里是团队成员想要前进的方向？我们如何让团队和团队成员的前进方向保持一致？这个"理"就是要厘清这些问题。接下来才是"管"，当我们知道了正确的前进方向，就要思考如何把正确的事情做对，在实施的过程中，每个团队成员都需要遵守一些规则，需要适时地进行复盘，所以，"管"就是去帮助团队成员继续保持做对的地方，改正做错的地方。

总结起来，在意识进化的过程中，我们需要转换思维方式，由关注过去转变到关注未来，关注我们想要前进的方向，关注我们的目标，关注目标实现了以后是什么样的。这对于每个团队成员的发展、每个团队的发展都是非常重要的，因为只有这样，我们才能把更多的时间和精力都用在有效的行动上，才能产生高绩效。

从关注过去转变到关注未来，是沟通模式的改变。人们经常说"要赋能一个团队"，如何去赋能？当我们告诉团队成员"这件事就该这么去做""这件事只有按我说的才有可能行得通""就这么办，别有那么多想法""听从命令就可以了"时，团队成员会觉得说话的一方地位更高，而他只是一个被告知方，这时两个人之间的地位是不平等的。而地位不平等导致两个人在现实中很难产生真正的信任，这也是在管理团队中经常遇到的一个非常大的挑战。

一般情况下，我们会找比自己懂得更多或者掌握更多信息的人来提出问题。当我们去问"这个方面你是如何思考的""关于这件事情你的想法是什么""还有哪些更多可能性"时，对方会觉得双方的地位是平等的，而且我们对对方是尊重的，对方自然也会感受到。尊重是人们非常重要的内在需求，这恰恰会帮助团队打造相互信任和尊重的文化。

现在我想邀请大家做一个自我衡量：在管理中，你的目光更多地投向何处？在沟通的过程中，你是选择采用告知更多，还是选择采用提问更多？当我们能够做到更多地关注未来、更多地提问时，我们就从一个管控型的领导者变成了一个赋能型的领导者，这就是领导者意识层级的进化。

一旦我们的意识进行了这样的转变，我们在跟团队对话的过程中就会有重大的改变。因为当我们选择采用提问时，事实上我们就可以和团队成员有更多的沟通。每个人都希望得到别人的信任和尊重，那么，如何沟通才会让对话更有效？

事实上，我们在对任何一个问题进行思考时，或者是在组织目标实现的过程中，需要考虑的第一个方面的问题往往是我们的目标是什么？我们怎么知道这个目标已经达成了？为什么这个目标我必须达成？甚至有时候我们还会问，为什么这个事情必须现在做？为什么这个事情必须由我们这个团队来做？当这些问题能够清楚回答的时候，我们就能够达成内在一致性，同时个人和组织也能够达成一致性。一旦目标达成共识，我们就知道了前进的方向和需要到达的终点。当我们已经有了目标和成果，以终为始，就会出现下一个问题，现在我们在哪？离我们的目标到底有多远？

所以，第二个方面的问题是现在我们在哪？我们到底有哪些优势？我们的核心竞争力是什么？我们做成这件事情有多大的把握？我们的准备程度是什么样的？现在我们还有一些什么样的弱点？我们已经拥有了什么样的资源？

一旦清楚了我们现在在哪，我们以后想要去到哪，自然而然第三个方面的问题就出现了，即关于选择的问题。既然我们选择了一个方向，那我们怎么才能找方向呢？我们该采用什么样的策略？用什么样的方法？在这个过程中会遇到一些什么样的人？和什么样的人合作是最有效的？在合作的过程中我们希望给这些利益相关者带来什么？在我们不断前进的过程中还有什么是需要提前去准备的？还有哪些方面需要我们不断改进、不断思考……愿景越清晰，站位越高远，我们的选择就越自由，资源就越丰富。

2. 有效开展团队对话

领导者如果能够和团队成员有更深入的交流，能够让每个团队成员看到在这个过程中自己对组织有贡献，那么每个团队成员就会更加愿意融入这个团队。

当领导者愿意不断地去思考和行动时，一方面团队目标容易达成，另一方面在该过程中也完成了对团队成员的培养。在团队里，我们希望能够把事完成，同时又能够培养团队成员。事实上，该模式恰恰和管理中的 PDCA 循环管理一致，它是指全面质量管理的四个阶段，即 Plan（计划）、Do（执行）、Check（检查）和 Act（处理）。不过我们不仅要完成这件事情，同时还要在过程中考虑团队成员的想法并去激励他，在每个阶段里都让团队成员看到事情的成功和自己有关联，看到自己的价值观和组织价值观具有一致性。这时，团队的内在联系就会更深。作为领导者，在管理的过程中要和整个团队去开展有效对话。我在组织辅导的过程中也经常用这样的模型带领团队去开启头脑风暴、做战略规划，其实从战略解码到执行的过程中都可以采用这样一种对话方式。

当一个项目开始运作，领导者在不同的阶段和团队成员开展一对一的对话时，可以采用这样的教练对话模型，即 GROW（Goal 目标，Reality 现状，Option 选择，Will 意愿）模型。在管理中，我们需要采用一些对话的技巧，因为采用适当的方法可以让我们做事达到事半功倍的效果。一旦我们采用了这样的高效对话，领导者在管理中就可以实现一个巨大的转变，即开始更加关注团队成员个人发展，更能够发挥团队成员的积极性和主动性。当团队成员得到更多的关怀时，他们就会更加喜欢这样的团队或者集体，他会觉得自己被深深地认可了，找到了归属感和价值感，这是团队管理中需要投入的部分。

还有几个方面想跟大家分享一下，这也是我在辅导团队过程中的一些重要发现。第一个方面，在团队建设的过程中，共建规则是非常重要的。回想一下前文列举的绩效曲线，在规范期，因为有了共同规则，所以才让管理循序渐进、有条不紊。这一点和传统管理不同之处在于，这样的规则是领导者和团队成员共同去制订的，且共同承诺去遵守的，不是惩戒，而是对未来的约定，用英文的单词来区分一下，不是 Rule，而是 Principle，是基于价值观的行为约定。我们给自己制订规则时往往是严苛的，一旦我们为自己制订了规则，那么我们也是乐于遵守的。

第二个方面，在这个过程中，我们不仅要有意识地去提升自己的意识层级，而且还要有意识地去提升团队成员的意识层级，教练式沟通会帮助实现这一点。随着团队成员的思考维度和高度不断拓展，他们看问题的角度就会变得更加多元化，就会更多地挖掘人的潜能和内在动力，就会真正调动起积极性，更好地发挥创造力。所谓的升维思考、降维打击，正是这样的含义。

第三个方面，就是在执行的过程中大家能够一起去讨论，并让团队的目标、计划等得到大家的认可。得到认可的过程，就是用恰当的方式把冲突浮到"水面"上，在彼此的沟通交流中让每个团队成员在价值观层面上达成共识，或者共同决定这件事有什么需要调整的地方。很多的企业里惧怕团队冲突，认为冲突是不和谐的音符，会影响团队的战斗力。但事实上，一个团队里允许冲突出现的话，这将是一个非常棒的团队。在允许冲突出现并且接纳冲突时，通过尊重每个团队成员的思考角度和思考成果，允许出现不同的声音，团队就能够共创更加可能的未来，产生更深的共识。

第四个方面，在事情不断发展的过程中，我们一定要留出特定的时间去复盘。在复盘的过程中，团队成员可能要去总结经验，会提出一些需要改进的地方，而领导者要学会去表达欣赏与感恩。如果在这个过程中我们能够看到所有团队成员的努力，我们彼此之间就会产生更深的信任。

再分享一个小故事。我前一段时间刚做了一个高管的教练，大概做了四次谈话以后，我问这位高管：对于你来说最大的收获是什么？他说：每周和你谈话实际上就是给了自己一个时间，让自己能够静下来好好捋一捋自己的思路。同时他意识到如果每天能给自己留出五分钟的时间来做一些复盘、觉察，那么他的管理方式就会变得不一样。所以每天早上他进入办公室的前五分钟，都会让自己安静下来，然后去思考昨天可以肯定自己的一点是什么，在今天需要做的重点和需要提升的地方是什么。他坚持了一个月以后发现，他对时间的利用更加高效了，在会议中和成员之间的沟通变得更加明确了，对自我的觉察也更加深刻了。

当你们听到这一点时，有什么样的想法？要打造一个高绩效的团队，仅仅在工作中沟通是不够的。因为一个真正的高绩效团队就像家人一样，了解彼此、信任彼此。如果在工作之余，我们能够发展一些共同的兴趣，能够相约学习一些新的技术，那么对整个团队文化的打造会带来一个非常好的结果。对一个高绩效的团队来说，领导者能够相信团队中的每个成员，能够和每个成员进行深入的交流，这是非常重要的。

最后再讲一个小故事，这个故事非常简单，道理却很深刻。爱因斯坦晚年的时候，有一个记者采访他，问了他一个问题：爱因斯坦先生，如果让你向世界问一个重要的问题，只有一个重要的问题，你会问什么？爱因斯坦闭着眼睛在躺椅上想了很长时间，以至于让这个记者特别紧张，以为他问错了。静思了很久以后，爱因斯坦说：如果让我向世界问一个重要的问题，我会问这个世界是不是友善的。这个年轻的记者特别不理解什么叫"这个世界是不是友善的"。爱因斯坦说：小伙子你想想看啊，如果你相信这个世界是友善的，那么我们就和这个世界之间搭起了一座桥梁；如果你不相信这个世界是友善的，那么我们就和这个世界之间筑起了一座高墙。所以，各位领导者，你愿意相信这个世界是友善的、你眼前的每个人包括你的团队成员都是友善的吗？如果你相信这一切都是友善的，那么你会如何和这个世界、和身边的人建立连接呢？

这五个劳动用工法律误区，90% 的创业者都想错了

▶ 北京云律通律师事务所
  主任
▶ **韩晓晨**

本文主要介绍的是在劳动用工方面，让大多数创业者误入的五个法律误区。它们贯穿了从企业人才招聘到劳动合同解除的主要环节，让众多创业者付出过沉重的代价。

一、员工学历造假，入职一年后还能辞退吗

企业的竞争在很大程度上是人才的竞争，而通过教育背景筛选人才是最高效的方法，毕竟学历就是赫伯特·斯宾塞（Herbert Spencer）所说的"质量信号"。不过在招聘环节最让创业者苦恼的事情大概就莫过于求职者的学历造假了。很多创业者由于招聘经验有限，难以及时有效地识别学历造假者，等到发现时，学历造假的员工往往已经在企业入职很长时间了，甚至有些员工还在考核中表现尚可，对于这样的员工企业还能辞退吗？

先看一个真实事件改编的案例。有一家初创企业一心想找到高

学历的人才进行产品研发，他们最终招聘了一位北京大学硕士生王某，并开出了每月5万元（税后）的高薪，王某的表现也很不错，每年都顺利通过了考核，而且一干就是7年。7年后，这家公司迎来了融资机会，投资人对这个企业的核心研发人员进行背景调查，发现这位王某并不是北大硕士，而是北京某大学的毕业生，该校却被他简称为北大，也就是说王某应聘时的学历是造假的。企业创始人因感到受了欺骗，于是决定和王某解除劳动合同。王某不服，提起了劳动争议仲裁，要求公司赔偿违法解除劳动合同的双倍经济补偿，结果被劳动仲裁驳回了，王某就又去法院起诉。这里要补充一个知识点，我国劳动争议案件的司法解决有一个"仲裁前置"程序，也就是说，发生纠纷要先到劳动争议仲裁委员会申请劳动仲裁，如果劳动者和用人单位任意一方对仲裁结果不满意，那么都可以再到法院起诉。法院经过一审、二审两级司法程序就会结案，当事人必须尊重法律，接受法院的裁判。

　　王某辩驳的观点想必和大家心里的疑问是相同的：虽然学历不是那么真实，但毕竟入职已经7年了，考核也一直通过，说明能够胜任工作岗位，这时企业还能揪着学历造假的事情要求解除劳动合同吗？对此法院认为，《劳动合同法》第二十六条规定："以欺诈、胁迫的手段或者乘人之危，使对方在违背真实意思的情况下订立或者变更劳动合同的"，劳动合同无效或部分无效。所以，订立劳动合同应当遵守诚实的原则，采用欺诈手段订立的劳动合同应属无效。王某在入职时提供了虚假的学历证书，这样的行为已构成欺诈，公司解除劳动合同合法有据，不应承担赔偿责任。至于王某提出自己能够胜任工作的理由，法院认为学历不能代表能力，同样能力也不能代表品行,诚信是法律对劳动合同关系主体的基本要求,也是企业评价员工的基本尺度。因此企业要求自己的员工守诚信、不作假,这也是合理合法的。

从这个案例中可以明确两点:第一,员工入职前的背景调查很重要;第二,如果发现已经入职的员工存在学历造假的情况,企业可以辞退,时间不是问题。

有人也许会有疑问:在知道员工学历造假或者类似的工作经验造假并解除劳动合同后,企业基于假学历开出的高工资该如何处理?毕竟企业已经付了工资。问题的答案当然是要回来。《劳动合同法》第二十八条规定,劳动合同被确认无效,劳动者已付出劳动的,用人单位应当向劳动者支付劳动报酬。劳动报酬的数额,参照本单位相同或者相近岗位劳动者的劳动报酬确定。比如,王某基于北大硕士的假学历获得了高工资,而王某真正应得的报酬标准应该是与他真实学历相当的其他研发人员的工资。如果公司其他员工的工资不能做参考,那么其实很多地方政府或调研机构都会发布区域性的行业薪酬统计数据或者人力资源市场的工资指导价位,这些信息可以作为不同行业、学历和从业经验的人员薪酬参考数据。企业也可以找到这样的数据作为员工应得报酬的参考,对多发的部分要求返还。

总结:学历造假的人可以请出去,多发的钱可以要回来。

二、初创企业采用"狼性管理"、末位淘汰制度合法吗

相对于处于成熟期的企业,初创企业在巨大生存压力之下普遍更强调竞争力和执行力,实行"狼性管理"。很多创业者心中最有

效的激励模式就是多劳多得、少劳少得、择优上岗、末位淘汰。殊不知近年来，末位淘汰的管理观念导致了很多劳动纠纷，也让众多初创企业栽了跟头。

我国某家通信巨头曾出现过一个经典案例。在这个真实的案例中，通信巨头录用刘某从事销售岗位并且通过公示程序将公司规章制度向刘某进行了告知，其中就规定了末位淘汰制度，并且按照末位淘汰制，公司将员工考核标准划分为 A、B、C 三档，考核排名最末的 5% 的员工将被认为不能胜任工作。刘某在公司总部工作 1 年后被转岗到了一个偏僻的分公司继续做销售，但之后连续两年考核垫底，公司认为他不能胜任工作便与他解除了劳动合同。刘某于是先后提起劳动争议仲裁和诉讼，主张违法解除劳动合同的双倍经济补偿。

企业能否把末位员工淘汰掉呢？这就要说到企业在什么情况下有权单方解除劳动合同。根据《劳动合同法》，企业可以单方解除劳动合同无非是两类情况。一类是《劳动合同法》第三十九条规定的各种情形，主要是劳动者存在过错。例如，在试用期间被证明不符合录用条件、严重违反用人单位的规章制度、被依法追究刑事责任等，这时企业单方解除合同是不需要支付经济补偿的。另一类是第四十条规定的因客观上无法继续履行劳动合同的各种情形。例如，劳动者患病或者非因工负伤，在规定的医疗期满后仍不能从事原工作，也不能从事由用人单位另行安排的工作的，或者劳动者不能胜任工作，经过培训或者调整工作岗位，仍不能胜任工作的等情形。在这种情况下，企业和劳动者都不存在法律意义上的"过错"，企业有权单方面通知劳动者解除合同，但是需要支付经济补偿。

很多创业者认为，通信巨头有权淘汰末位员工，无非是认为员工刘某严重违反了用人单位的规章制度或者不能胜任工作。但是"严重违反用人单位的规章制度"是指劳动者明知或应知规章制度的存在却基于故意或重大过失从事严重违反规章制度的行为。劳动者业绩居于末位并不必然构成"严重违反用人单位的规章制度"，企业也不能因此单方面地解除劳动合同。而且"考核末位"也不等同于"不能胜任工作"，在末位淘汰制度中，无论员工的业绩如何，总会有5%的人排名垫底，因为末位始终是客观存在的。大家都知道"鸡头凤尾"的道理，以同样的标准在相同行业里进行考核，该企业考核末位的人可能在其他企业考核里处于中位甚至首位，排名如何有时候是相对而言的。如果企业要证明劳动者不能胜任工作，就需要就此提供专门的证据，比如说，这个劳动者投诉率特别高、出勤率特别低、成交量特别少、事故量特别多以及无法完成合理的工作任务等。这个案例中的通信巨头就是因为没能举证证明刘某确实"不能胜任工作"而输掉了官司，从而做出了双倍经济补偿的高额赔偿。

通过这个案例是想告诉创业者，企业能够单方面解除劳动合同的情形是法定的。毕竟单方面解除劳动合同显然会对劳动者的权益造成重大影响，而末位淘汰制并不属于法律规定企业可以单方解除劳动合同的情形，靠这个制度来解除劳动合同是违法的。

有的创业者会问，假如企业可以证明员工确实不能胜任工作，是不是就可以单方解除劳动合同了？并不是。按照刚才提到的《劳动合同法》第四十条的规定：劳动者不能胜任工作，经过培训或者调整工作岗位，仍不能胜任工作的才能解除劳动合同，而且在程序上用人单位还需要提前三十日以书面形式通知劳动者本人或者额外支付劳动者一个月工资。同时根据《劳动合同法》第四十六条规定支付经济补偿的情形,这里有一个重点值得注意,转岗指转到其他岗位,比如由销售转为客服,而不是转到其他区域的同一个岗位。上述案例里,通信巨头把刘某从总部调到边远地区继续做销售,这并不属于法律意义上的转岗,也不能证明是因为员工不能胜任工作而发生的工作调整。

那么,末位淘汰这个制度到底还能不能应用于企业管理和员工考核呢?其实是可以的。但大家不能把淘汰狭隘地理解为解除劳动合同,淘汰在企业管理中还可以指降级、降职、免职、调整工作岗位、待岗培训等其他的方式,企业完全可以在不解除劳动合同的前提下对考核居于末位的劳动者做出处理,从而构建有升有降、能进能退的人力资源管理方案。

当然调整工作岗位或者工资待遇等都涉及劳动者的切身利益,要么需要双方协商一致以书面形式变更劳动合同,要么需要企业事先把考核方案写到制度里,这个制度还不得违反法律法规,经过合法的协商程序并且向劳动者告知,此时可以视为双方事前约定好了单方面变更劳动合同的内容,对双方都具有约束力。

总结:狭义的末位淘汰制不可解除合同,广义的末位淘汰制不妨灵活使用,考核垫底并不等于不能胜任,不能胜任也需先培训、后转岗、再辞退。

三、给员工买商业意外保险能抵扣工伤赔偿吗

近年来,随着劳动法律观念的普及,越来越多的企业已经意识

到为劳动者缴纳社保是企业的基本义务,如果企业不缴纳社保,劳动者就有权主张经济补偿,因此存心克扣员工社保的企业其实越来越少了。但是很多企业和劳动者也在谋求变通,一些企业觉得社保中的医疗保险和工伤保险完全可以由商业性的补充医疗保险和意外伤害保险来取代,只要劳动者在发生疾病或意外时的开支得到了补偿,企业就不会有风险。可是真的是这样吗?深圳的一家公司就为此付出了惨痛的代价。

这家公司为员工安某购买了中国人保的人身意外险,保额为60万元,但没有为安某缴纳工伤保险。不料安某受工伤后不幸身亡,他的近亲亲属在获得中国人保支付的60万元赔偿金后,又起诉公司要求公司按工伤保险待遇支付丧葬补助金、供养亲属抚恤金和一次性工亡补助金。企业认为,员工从商业意外险中已经获得了足额的赔偿,不存在额外损失,因此不同意家属的诉讼请求。但法院认为,依法缴纳工伤保险是用人单位的法定义务,不能通过任何形式予以免除或变相免除,如果企业违反了这项法定义务,导致员工无法享有相应的社保待遇,就要依法承担员工由此发生的损失。在这个案例里,就要由企业按照工伤保险待遇的赔偿项目和赔偿标准向安某的近亲亲属支付费用。法律和司法解释并不禁止受工伤的员工或其家属同时获得民事赔偿和工伤赔偿,因为生命和健康是无价的,一个人健康受损或失去生命用多少金额才能填平他和亲人的损失呢?所以,安某的近亲亲属获得保险公司理赔后,依然能够要求企业支付工伤保险应有的赔偿。这家公司试图用商业保险取代工伤保险,结果两份钱中一份也没省下。

在另一个相似的案例里,企业用商业性的补充医疗保险替代了医保，结果年轻的员工不幸得了白血病，企业在为员工补缴医保费用之后，还要承担未缴费期间发生的但无法报销的医疗费用，可谓贪小便宜吃大亏。

有些创业者会产生疑问，法律不是特别尊重当事人之间的约定吗？如果是劳动者自愿表示不要社保，那么企业不缴纳社保也有责任吗？当然有责任，这并不难理解。企业缴纳社保既是对劳动者的义务也是对国家的义务，这种义务不能因为当事人之间的约定而免除。相应地，企业不缴纳社保既有劳动法上的责任，比如要向劳动者支付经济补偿，赔偿其无法享受社保待遇的损失；又有行政法上的责任，比如要为劳动者补缴社保，向社保部门支付滞纳金等。不过对于员工自愿放弃社保后是否仍可以以企业不缴纳社保为由主张经济补偿，近年来在审判中出现了不同的观点。几年前法院普遍认为员工放弃社保是出于企业的压力，觉得"劳动者怎么可能自愿不要社保呢"。所以，即使劳动者书面表示自愿放弃社保或者替代性地接受每月的"社保补贴"，法院仍会支持员工以未缴纳社保为由主张经济补偿。但近两年法院发现原来真的有劳动者自愿放弃社保换取每月到手更多的现金而事后还主张经济补偿的情况，这导致有些年轻的创业者受到打击。其实时代是变化的，劳资之间的力量对比也在发生转变，法院也需要不断回应社会现实，持续赋予法律条文鲜活的生命。所以，一些地区的法院在类似案件的审理中，就更加注重立法本意和诚实信用原则，如果没有证据表明劳动者放弃社保的声明是被欺诈、被胁迫或是企业乘人之危的，那么便尊重双方的约定不再支持支付经济补偿。

需要注意的是，劳动者依然有权要求企业补缴社保。前面说了，缴纳社保是法定义务，并不会因为双方约定而免除。不过如果劳动者自愿放弃社保后又向劳动稽查或社保部门举报企业而导致企业承担滞纳金的，那么企业可以要求劳动者分摊滞纳金，因为劳动者也有过错。如果劳动者从企业领过替代社保的补偿金，那么在企业补缴社保后，也可以要求劳动者把补贴或补偿金退回来。

总结：企业降成本不要从社保上节省，否则劳动行政责任还要承担双份。

四、经济补偿的基数是应得工资还是实发工资呢

初创企业人力资源管理最大的特点就是人员流动性强，因为年轻的企业和劳动者都需要经过试错、排错才能找到正确的结合。因此劳动者离职时的经济补偿就成为企业劳动法律实务的关键词和敏感项，牵动着创业者的心。根据《劳动合同法》第四十七条，经济补偿按劳动者在本单位工作的年限，每满一年支付一个月工资的标准向劳动者支付。六个月以上不满一年的，按一年计算；不满六个月的，向劳动者支付半个月工资的经济补偿。无论如何经济补偿对于企业来说算得上是一笔不小的开支，计算准确尤为重要。

很多创业者恨不得能省则省，由此衍生出了一个问题：经济补偿的计算基数是劳动者的应得工资还是实发工资？其实这是一个有明确答案的问题。《劳动合同法实施条例》第二十七条规定，经济补偿的月工资按照劳动者应得工资计算，包括计时工资或者计件工资以及奖金、津贴和补贴等货币性收入。既然是应得工资也就是未扣缴社会保险费、住房公积金、个人所得税以及其他扣款的所有应

得工资的总和。另外需要注意的是,这里的月工资,指劳动者在劳动合同解除或者终止前12个月的平均工资,如果这个工资标准低于当地最低工资标准,就按照当地最低工资标准计算;如果劳动者工作不满12个月,就按照实际工作的月数计算平均工资。

有些创业者表示,似乎听说过一些按照实发工资计算经济补偿的案子,这是怎么回事呢?其实这种情况的出现一般有以下几个原因:一是企业和劳动者没有约定应得工资的数额导致法院难以确定;二是法官觉得通过实发工资倒推应得工资太过繁琐,个税是采用累进制的,扣除的各项费用还得加回去;三是个别法官对法律的规定存在理解上的偏差,毕竟中国这么大,同案同判还只是一个理想中的状态,但法律的规定只有一个,我们还是要遵守。

另外也有些创业者会想:我招的员工工资这么高,一旦发生需要支付经济补偿的情形赔得肯定特别多吧?其实也不完全是这样。近年来,某些行业和专业御风而起,从业人员的平均薪酬也水涨船高,但经济补偿金的标准也不是上不封顶的。根据《劳动合同法》第四十七条,劳动者月工资高于用人单位所在直辖市、设区的市级人民政府公布的本地区上年度职工月平均工资三倍的,向其支付经济补偿的标准按职工月平均工资三倍的数额支付,向其支付经济补偿的年限最高不超过十二年。由于有三倍和十二年这两个限制的存在,我们有时候会发现其实不是工资越高经济补偿就越高。

一起来算一笔账,比如某直辖市社会月平均工资是4500元,员工甲每月应得工资为15000元,超过社会平均工资的三倍,员工乙每月应得工资为13000元,并且他俩都在该企业工作20年,伴随企业成长壮大。如果员工甲和乙都发生需要支付经济补偿的情形,那么甲的经济补偿就是 0.45×3×12=16.2（万元）；而乙的经济补偿则是 1.3×20=26（万元）。两者相差将近 10 万元。所以，当员工的薪酬处于某些临界点时，工资高的员工比工资低的员工经济补偿更少也是很正常的，毕竟经济补偿制度的初衷，是为让劳动者在结束一段工作后提供经济软着陆的缓冲。但能拿到社会月平均工资三倍以上的员工通常也不会发愁找不到下一份工作，也就不需要担心经济补偿倒挂的问题了。

总结：经济补偿按应得工资算，高薪未必高补偿。

五、员工因个人原因离职后还能"秋后算账"要求经济补偿吗

经济补偿制度作为劳动法中的特色制度，集中体现了劳动法倾斜保护劳动者的理念，有助于减少无过错的劳动者的经济损失，使他们在找到新工作之前实现相对平稳的过渡。需要注意的是，劳动者无过错是获得经济补偿的必要不充分条件，如果是员工本人在企业无过错的情况下提出辞职，或者员工因自身过错被企业解除劳动合同，就无法主张支付经济补偿。然而，现实中有些情况却并不是这样非黑即白的，常见的情况是员工为了顺利办理离职手续，往往会同意在离职情况说明或交接单中注明"因个人原因离职"，即使企业存在拖欠工资、未足额缴纳社保等过错，有些员工也打算先离职再算账。

那么问题就来了，员工因个人原因辞职后，还能以企业存在"未缴纳社保"等过错为由，主张支付经济补偿吗？我们不妨来看

一个真实的案例。员工杨某向公司提出辞职，公司制作了《员工离职表》，表中载明杨某离职是因个人原因，杨某签字表示认可，但刚一离职，杨某就申请了劳动争议仲裁，以公司存在劳动关系期间未缴纳社保为由要求支付经济补偿。劳动仲裁驳回了杨某的申请。于是，杨某又向法院起诉，杨某认为因个人原因辞职并不是自己的真实意思，公司没有给他缴纳社保是不争的事实，自己就是因此才离开公司的，所以公司应当支付经济补偿。这里需要注意的是，支付经济补偿是具有法定性的，也就是说，什么情况下劳动者有权主张，什么情况下企业应当支付，都由法律明确规定。根据《劳动合同法》第三十八条规定，"未依法为劳动者缴纳社会保险费的"劳动者可以解除劳动合同，如果企业没有为劳动者缴纳社保，劳动者确实有权因此解除劳动合同，并且依法主张经济补偿，但公司提交了由杨某本人签字认可的《员工离职表》，上面白纸黑字写着杨某是因个人原因向公司递交了离职申请，杨某虽然否认这是自己真实的意思，却无法提供进一步证据，事实上这样的证据也是很难提供的，因此法院对杨某的观点不予采信，认为他作为一个理性的成年人，应该对自己签字认可的事实负责。

由于因个人原因辞职不是经济补偿的法定情形，杨某主张经济补偿的请求也就无法得到法律的支持。当然如果企业确实没有为杨某缴纳社保，即使不必支付经济补偿还是要承担为其补缴社保的法律责任并需要向社保部门支付滞纳金。

与这个案例相似的很多企业会和离职员工签订一个经济补偿的方案，并且要求员工注明双方都对此表示认可，承诺以后再无纠纷，也不会提起仲裁或者诉讼。但有一些员工在经济补偿"落袋为安"之后又把企业给告了,以经济补偿算少了或提成还没结算等为由主张更多的经济补偿。在这种情况下,法院原则上都会肯定协议的效力,并且不予支持员工主张更多经济补偿的请求。除非员工有明确证据表明,在签订相关协议时受到了企业的欺诈、胁迫或者乘人之危。

  从这样的案例中我们也能再次感受到,近年来,司法实践从偏重对劳动者的保护向注重诚实信用回调,这是市场经济日渐成熟、不同主体日趋理性的折射。当然,我们也希望创业者作为企业的掌舵人在为企业长远谋划的同时,能够始终维护员工的合法权益,守住法律的底线,因为很多创业者也曾经是"打工人",因为企业与员工的邂逅来自美好的信任,也因为任何企业的行稳致远都要建立在法治的根基上。

  总结:离职手续妥善保存,白纸黑字自负其责。

第五部分

提高初创企业资金效率
——财务、税务

企业创始人应该掌握的财务要点

▶ 北京合普天成税务师事务所,
  北京合普朗润会计师事务所创始人、执行董事
▶ **谢韬**

一、现金为王

在创业企业中,现金的短缺可能导致企业面临生死存亡的危机,经历过的企业都有深刻的体会。我们主要从以下四个方面来分析其原因。

(一)现金流入不等于收入

收入包含预收账款和应收账款,都会对企业经营产生影响,而现金流入,是指"真金白银"的收入。有客户问过一个特别经典的问题:我的报表上有几千万元的收入,可是我为什么见不着钱呢?这显示出一个很大的问题,就是现金到哪去了。其实这种现象是因为该企业有大量的应收账款,而报表中的收入大多以应收账款的形式体现。可是,有的企业虽然收入不高,但现金流入却很高,这是因为它们有大量的预收账款,尤其是当一些比较短缺的物资在市场上有比较大的需求时,企业可能尚未供货,就取得大量的预收账

款,这时企业的现金流入就非常充足。所以收入和现金流入是不一致的。希望企业创始人要有这个概念,不能只看利润表,不能只看收入,还要关心预收账款、应收账款,要关注它们和收入之间的差异,或者说真正应该关心的是收入带来的现金流入。

(二)现金是企业的血液

人没有血液的时候生命就枯竭了,企业也一样。很多非常好的企业,可能只是因为短期出现了现金短缺,就陷入恶性循环。如果没有现金支付货款,再加上各种其他原因,就会导致企业的破产。所以,作为企业管理者一定要有安全现金量的危机意识,也就是说企业要确保现金量的充足以度过每一个难关。尤其对于初创企业,这一点特别重要。企业用现金去置换资产,或者用现金作为费用支出然后再换取更多的现金,这是一个循环往复的过程,一旦没有足够的现金进行运转,这个企业就会面临巨大的问题。

(三)现金量不是越多越好

现金是有持有成本的。当持有现金时,企业就损失了用它去投资的机会。持有现金的收益率大概只有百分之几,比如放在银行,哪怕是买理财,最多也只有4%;但是用现金去投资,用现金去运营,收益率可能会达到15%、20%甚至更高。所以,持有现金的机会成本非常高,因此企业的"血"——现金也并不是越多越好。现金过少可能会造成企业缺"血",但是"血"多了也会有问题。当企业的"血"不能得到有效利用时,会对企业自身状况造成负面影响,因此企业要根据自己的情况来测算需要多少现金量。

（四）在通货膨胀率较高的情况下，企业应该怎么应对持有的现金量

在通货膨胀率较高的情况下，现金实际上是在贬值或者它的价值是在逐渐衰减的。这时持有现金的机会成本更高，所以此时企业就应该尽量减少现金持有量，当然也要保证其有足够的"血液"。那么，企业应该把这些现金转化成什么呢？可以转化成一些有价值的资产，比如，如果预测到某一种材料涨价的可能性比较大，而且又是企业长期需要的材料，那么这时可以去购买一些这种材料留着备用。也可以持有一些与资源开发行业相关的资产，像稀有金属或者矿山等资源。另外，也可以考虑持有有价值且变现比较快的资产，例如房产。所以，在通货膨胀率较高的情况下，不是持有现金量越多越好。作为企业，最终目的是能够存活下去，并且能够取得相应的收益，而且能够为社会做出贡献。

二、纲举目张

从财务的角度来看，收入为目，内控为纲。收入是企业在运营过程中产生的正常的价值。但是如果没有内控体系，那么这些收入可能最终都是问题资产。内控实际上贯穿于整个公司运营的始终。当当网是一个比较典型的案例。如果拿公章的人不是公司授权的管理人，或者当公章出现在未经公司管理层授权就被使用等情况时，风险是不言而喻的，而这也是内控需要关注的问题。

有一些企业所有的资金都在个人的银行卡上，个人银行卡中

的钱可随意转出，这会造成极大的风险。还有固定资产也是内控需要解决的问题。例如，公司的固定资产都放在哪些地方？都由什么人在管理？原材料、在产品是不是真实存在的？价值是多少？有没有报废？有没有定期盘点？此外，内控还需要关注以下几个方面的事项。

一是负债。需要分清负债是否确实是公司欠下的。有的企业会存在背负的债务不属于公司负债，最后却被算作了公司负债的情况。为什么会发生这种情况？就是因为在资产和负债发生的过程中，相应的内控措施没有做到位。

二是所有者权益。所有者权益也与内控有关系。举一个例子，股东把价值1000万元的实物资产作价入到公司账上，请问这1000万元是否经过了相应的内控程序？即是否经过了评估、经过了股东会的决议？如果没有，那么这1000万元实物资产是不是侵占了其他股东的权益？或者是否有可能成为公司内部股东产生矛盾的源头？这些也是内控需要解决的问题。

三是收入。企业应该定期核查应收账款是否都已收到了——发出去货物的货款有没有到公司的账上，或者公司有没有人去记载应收账款。一些创业企业的员工每天都非常积极努力，比如，一个电商公司每天都发几千单货，但是却没有去核实几千单的货款是否真的到了公司账上。如果连这种内控都不做的话，那么公司业务做得越多，亏得越多。

四是成本。有的企业尤其是现在的互联网公司员工很多，人工成本非常高，但是其中一些企业却没有监督员工的工作效率，这也是内控出现了问题。

五是费用。在支付房租、水、电、宣传费、管理费等费用的过程中，内控需要对应该支付和支付多少金额等明细做审核。

六是分配，即最后对股东的分配。应该怎样分配才能有效激发股东为公司做出更多的贡献？如何真实地体现出大家对这个公司的投入？所有这些问题其实都与内控相关。

所以，作为管理者一定要有内控意识。管理一个公司，就要像织网一样，使应该进入公司体系的能够全部进入公司。当然，对于初创公司而言，内控是有成本的。

初创公司是否有必要付出很大的代价去建立一个非常完善的内控体系呢？答案是不需要的。但是，初创公司要有基本有效的内控环节，就是用最简单的方式来实现最基本的内控。比如公章的使用一定要经过审核，使用时必须进行登记。再如，银行U盾必须保证两人持有，或者当公司只有一个U盾时，电子密码也必须由另一个人持有。还有收入，任何货物的发出或服务的提供，相应的收款应该有人检查是否到位。只有把内控做得像一张网一样能够拎起来，所有的东西才会进入公司的体系当中。

三、融资为仓

为什么企业一味地拿着自己的资金去做运营？这实际上是一种低效的发展。但是，企业是否需要融资也要看情况。

具体来说，要看所从事的行业。有些行业比如说会计，其实是不需要融资的，因为大部分是变动成本，固定成本投入非常小。相对传统的会计师事务所并不需大笔资金就可以运营，完全靠自己的能力就可以赚钱。因此这种情况下是不需要融资的。很多企业，甚至很多互联网企业都没有融资，也是靠自己运转。但是，有的企业需要融资，例如新药研发的企业。这些企业仅仅有一个新药研发的尚未取得专利的分子式，此时只有通过不断融资，才能把新药研制出来。所以是否需要融资，其实是根据企业的状态以及企业家的想法决定的。有的企业就想慢慢做，有的企业则想三年就要上市。不同的企业和不同的企业家有不同的想法，关键取决于企业所处的行业以及企业家的状态。

那么，融资时是选择债务融资还是选择股权融资呢？这是企业经常会问的一个问题。从专业的角度讲，债务融资的成本远远低于股权融资，所以如果能够借债，而且对这个企业的未来发展比较看好的话，债务融资会优于股权融资。当然前提是拥有还债能力，同时利息和本金是可以覆盖的。这种情况下，债务融资是一个非常好的选择。而股权融资也有优势，即股权融资是不用还的，股东跟企业一起承担风险。但是股权融资带来的问题是在企业发展初期创始人团队就大量稀释了自己的股权，很多企业还在 B 轮（第 2 轮融资）时，创始人的股权就已经被稀释到 20% 以下，这样其实不利于企业的长期发展，未来可能会导致创始人团队不能掌控公司的状况，现实中的案例也是层出不穷。所以在选择债务融资还是股权融资的问题上，建议创始人要仔细考虑。如果目前有足够的现金流，而且收益率高于债务融资成本，则建议用债务融资。但是如果对方除了资助资金还能对接一些资源，有助于公司的长远发展，那么这时股权融资也是一个好的选择。

当企业有了一定的利润，相应的利润是在当年就分红还是留在企业用于企业的发展,这一点也需要明确。对于创始人来说,现在赚了一些钱是不想分的,但是其他股东想分,这时可以这样与股东解释:如果股东把分红拿回去存在银行,则收益率可能只有百分之几,但是把分红继续放在公司的话,通过公司得到的收益率可能是10%甚至20%,显然放在公司更合适。如果股东都有小富即安的想法,赚了点钱就想分红然后拿去消费,那么分掉也是一个好的选择,毕竟创业也不都是为了改变社会,有时也是为了让自己生活得更幸福,所以企业的利润是否分红还取决于股东各自的想法。

在融资中其实也有很多"坑",其中尤其要提的第一个坑就是对赌协议。有一些投资方在投资时,会要求创始团队签对赌协议。这时一定要非常慎重,因为对赌协议带来的后果可能非常严重。而且对赌协议是一个不利于投资方和创始人团队和谐发展的方式。一旦签了对赌协议,创始人团队会想方设法去完成指标,其关注点可能就不再是企业的正常发展,而投资方在一开始投资时,就没有和企业一起长期发展的观点。所以对于对赌协议的签署,创始人团队一定要非常慎重。有很多外在的因素,比如整个经济环境的变化,包括我们在发展中遇到的各种无法预料到的行业问题,这些都是在对赌协议当中必须明确的,否则可能不仅会导致创始人团队输了,而且投资方也输了的局面。

第二个坑就是贷款协议。贷款协议一定要请专业的律师把关。有一些贷款协议存在不明确的条款,也会给创始人团队带来比较大的风险。

这个就是"融资为仓"。为什么称融资为仓呢?如果没有足够的现金,企业可能就会面临"死亡";但是如果现金过多,持有成本和机会成本又过高,那么就需要企业有一个准备,这个准备其实就是仓。

四、财务部门的设置

创始人在财务部门的设置上可能有很多困惑。财务部门是外包还是自设?其实初创企业如果能找到比较好的外包服务商,则建议将财务外包。有的企业请了财务,但是财务的水平不足,老板也无法把关,一旦在内控方面出了问题,就会给企业造成非常严重的损失。那么,这时需要请专业人员提供服务,比如,找一个比较成熟的外包机构,在不同的阶段提供不同的服务。我们现在服务的很多客户,平时就是通过代理记账来满足财务管理需求的,但是一旦遇到重大决策,比如签署重大合同或者有投资方准备投资时,就可以向项目经理或者高级项目经理询问这些重要的问题该怎么做,这时外包是优于自设机构的。国外的初创企业,基本上都是将财务外包。

自设财务面临着人员设置和职责分配的问题。这就要求创始人似乎必须是全才,所有的东西都要懂。在财务部门人员的基本设置方面,可以给大家一些建议:首先,出纳是必须配备的,出纳可以兼任一些行政的工作;其次,初期应该有会计,出纳和会计之间要有相互的监控,出纳不能记录账簿,这样相当于会计可以对出纳的工作做复核及检查。一般初创企业在设置人员职责时,创始人要对出纳和会计有明确的概念。有一个很重要的情况可能被忽略:人们通常会认为会计和出纳的工作就是做账,或者就是收付款,没有人去管真实的账务和业务的融合,也就是只管收多少钱、付多少钱,但是否该付这么多钱,却没有人关心。在这种情况下,建议创始人要让出纳对收付款的合理性和真实性进行审核。而会计在做账时,除了进行账务的记载,需要每个月或者每半年对存货进行盘点,对外部的应收、应付账款往来进行账实核对。只有这样,才能真正履行出纳和会计应尽的职责。

从配置上看,什么时候该有会计?什么时候该有财务经理?什么时候该有财务总监呢?这也是创始人比较困惑的问题。通常初创企业有个会计就可以了,大概到了什么时候需要有财务经理?列举一个数量级的概念,建议当收入在2000万元以上,就可以考虑招聘一个财务经理;当收入在3000万元或5000万元时,就可以招聘一个财务总监。因为在这个时候,财务总监的工作职位和职责是比较匹配的。

在设置财务部门的时候,要关注跟业务的融合。很多财务人员只知道记账,从来不关心业务做得怎么样。因为多年财务教育实际上是有缺陷的,我们就是一个考证教育或者是做账的教育,没有去关注业务,没有强调财务其实是业务的数据体现,如果业务不清楚,则财务是很难做清楚的。所以,一定要给财务人员,包括出纳、会计、财务经理和财务总监安排一些业务上的培训或工作,这样财务就会逐渐融入业务当中。

比如,要求出纳在收付款时,一定要去审核收付款是不是真实的、是不是该付的。然后,要求会计或者财务经理每半年要跟业务部门去对账,要跟外部供应商去对账,要跟客户去对账。让出纳、会计、财务经理参与到这些工作当中,加强对业务的理解,深入到业务当中,起到一个管好家的作用。

五、财务报表

企业就像人一样，有最后呈现的表象，企业的皮囊实际上就是三张表。作为会计师，通过三张表就可以给大家呈现不同的企业故事，这三张表分别是资产负债表、利润表、现金流量表。我喜欢采用现金流量表、利润表和资产负债表这样的顺序，这是按重要性来排序的。

首先是现金流量表。对于创始人来讲，最重要的是现金流量表，一定要看现金流量表，不幸的是，一些会计在编辑现金流量表时仍然存在困难，所以创始人要注意，在现金流量表中尤其要关注运营性现金流，而不是只看最后的现金流入有多少。运营性现金流可以表明企业通过运营赚了多少现金以及净流入了多少现金。很多企业的净现金流都是负数，若是负数则代表需要不断的融资，只有足够的股权或者债权才能维持生存。如果净现金流为正数，就说明企业能维持生存，而且有比较大的盈余，也说明不仅不需要再融资，可能还有一些资金可以拿去做投资或者可以扩大规模。所以，现金流量表其实能告诉大家，企业在月度、季度、年度通过运营创造了多少现金。这是一个非常重要的数据。

其次是利润表。利润表就是公司的收入减去各种成本费用，最后企业赚了多少钱。现金流和利润不是匹配的，可能有的企业的运营性现金流是非常高的，而利润表反倒是个负数，这就取决于收入和成本的管理，比如收入都是预收账款，成本都是应付账款，就可能出现利润表是负数而现金流量表是正数的情况。反过来，有一些企业可能存在利润表是正数但是现金流量表却是负数的情况，因为收入可能都是应收账款，而成本都是预付账款。

所以，先看现金流量表再看利润表，就不会被利润表所蒙蔽，就会知道企业真实地创造了多少现金，但是现金流量表只是一个短期的不具有持续性的报表。举一个例子，公司利润是亏损状态，可现金流却非常好，这种情况下创始人是不是就可以躺着睡大觉呢？不是的，这种情况说明企业只是通过挤压上下流的现金流来实现了现金流的正数，而非通过自我造血来形成。这时创始人也要及时注意到企业造血能力并不强，只是通过利用上下流的资源达到了现金流的正数，因此也需要反省企业需要在哪些方面做得更好。

最后是资产负债表。现金流量表和利润表可以被叫作期间报表，即呈现的是在一段时间内，企业现金流是怎样的，企业盈利情况是怎样的。而资产负债表是时点数据，今天的资产负债和明天的资产负债都不一样。前面这两张表可以被比作摄像机，后面这张表则被比作照相机，这个时点下它是这样的，下一个时点它可能又是另外的样子，比如今天企业可能是负债三千万元，然后明天把负债还了，负债就没有了，所以资产负债表是随时变化的。

一般来说，财务在月度、季度、年度的最后一天出具资产负债表。资产就是企业所拥有的体现在报表上的经济资源，例如资金、存货、原材料、应收账款、固定资产。负债和所有者权益体现了资产的获得方式，例如股东投资或者是股东投资产生的盈余（未分配利润、资本公积、盈余公积）。资产负债表其实揭示了企业的财务状况，告诉股东企业在这个时间点的资产构成状况。如果企业一共有1个亿的资产，负债是6000万元，就说明1个亿的资产中6000

万元是借钱买的，剩下的 4000 万元是股东投的，所以如果想知道在某一个时点资产的构成状况，要看资产负债表。但是资产负债表只代表一个暂时的状况，基本体现的是在具体的时点整个资产的结构情况：是流动资产多还是固定资产多？是流动负债大还是长期负债大？是所有者权益高还是负债高？资产负债率达到多少？改变资产负债表的状况是比较容易实现的，也就是可以通过一些临时性的措施来实现。那么，是不是负债越低越好？其实取决于取得负债的成本，比如，一家企业能够以 4% 的利率取得负债，而企业的收益率是 6%，那么这时负债其实不一定是一件坏事，只是企业要把这个时点掌握好，该还本金时能够还本金，该还利息时能够还利息。

内控为什么那么重要？因为内控应该贯穿于公司的方方面面。只有基于有效的内控，整个企业的运营体系才是比较有效的。虽然合适的融资可以让企业更安全，但是融资过程中也是有很多问题的，要做一些防范。总的来讲，现金流量表、利润表和资产负债表可以从整体上勾勒出企业的财务状况。基本上看这三张表，就可以大概对企业是否健康、是否可持续，以及存在哪些问题做一个基本的判断。

初创企业常见的税务问题

> 普华永道中国税收政策服务
> 主管合伙人
> **马龙**

本文主要包括五个话题：第一，我国主要税种以及适用于初创企业的税收优惠政策；第二，我国区域性税收优惠政策概览；第三，创始人持股架构及税务影响；第四，企业股权激励及税务关注点；第五，发票电子化与日常发票风险防范。

一、我国主要税种以及适用于初创企业的税收优惠政策

目前，我国共有18个税种，大致可以分为三类：第一类是所得税，主要包括企业所得税和个人所得税；第二类是货物和劳务税，也叫作流转税，增值税和消费税都属于这个类别；第三类是财产和行为税，主要包括房产税、契税、城镇土地使用税、印花税、车船税等。此外，税务机关还会代征社会保险费和其他一些政府非税收入。

我国税种较多、征税范围广，同时也有很多税收优惠政策。对于初创企业而言，合理利用税收优惠政策，可以帮助企业节流减负，为后续发展蓄力。

与此同时，为推进"大众创业、万众创新"（以下简称"双创"），国家也不断加大针对"双创"的税收政策支持。根据国家税务总局的统计，截至 2019 年 6 月，我国针对创业创新主要环节和关键领域陆续推出的税收优惠政策共 89 项，这些税收优惠政策涵盖了企业的不同发展阶段，其中，支持初创期企业的有 45 项，护航成长期企业的有 18 项，助力成熟期企业的有 26 项。可以说，税收优惠政策覆盖了企业发展的全周期，为企业的持续发展保驾护航。

我们简要梳理一下适用于企业不同发展阶段的主要税收优惠政策。对于初创期企业来说，可以关注针对小微企业的普惠性税收优惠政策。例如，符合条件的小微企业可以享受企业所得税减免；销售额未超过一定限额的小规模纳税人可以享受免征增值税；小规模纳税人还可以享受房产税、城镇土地使用税、印花税等税种的减征。2021 年财政部和税务总局发布《关于实施小微企业和个体工商户所得税优惠政策的公告》，对税收优惠的力度继续加大。

再看成长期企业。企业的成长期通常也是技术、产品和工艺研发的关键时期，在这方面的投入也会比较大。为了给企业营造良好的税收环境，国家出台了一系列税收优惠政策，研发费用加计扣除是其中比较重要的政策。简单来说，研发费用加计扣除就是企业在计算所得税时可以按高于实际发生的研发费用的数额进行税前扣除。随着政策的进一步完善，2021 年起，制造业企业的研发费用加计扣除比例从 75% 提高至 100%。这意味着企业发生 100 万元研发费用，在计算所得税时可以按 200 万元进行扣除。这项政策旨在鼓励企业注重研发，在实践中，对于提升科技企业研发创新动力发挥了积极的作用。

成熟期企业也同样有机会享受税收优惠红利，特别是针对科技创新企业及重点行业企业的税收支持。例如，取得国家高新技术企业资质认定的企业，可以适用 15% 的企业所得税优惠税率，而且企业亏损可结转年限为 10 年，相较于一般企业增加了 5 年的结转期。此外，对于软件企业、集成电路企业、动漫企业等，不仅可以享受企业所得税减免优惠政策，还可以享受增值税即征即返、即征即退等优惠政策。

近年来，我国的税收政策在支持"双创"以及为科技创新企业发展提质增速方面发挥了显著的作用。根据国家税务总局统计数据，截至 2020 年，国家高新技术企业的数量已经达到了 27.5 万户，同比增长 24%。2020 年，重点税源企业研发支出增长 13.1%，高技术产业销售收入增长 14.7%。初创企业，尤其是科技创新型初创企业，是税收政策着力支持的重点，应充分享受税收优惠为企业带来的红利。

二、我国区域性税收优惠政策概览

区域性税收优惠政策是我国长期以来一直采用的税收支持方式之一，大到一个经济特区，小至一些城市的开发区、高新区、产业园区都可适用于区域性税收优惠政策。区域性税收优惠政策旨在通过地区之间差别化的税收待遇，实现协调或促进区域发展的目标。随着我国社会经济的发展，区域性税收优惠政策也在迭代创新，呈现出新的趋势和突破。我们选取了五个比较有代表性的地区，对其区域性税收优惠政策进行分析和解读。

（一）海南自由贸易港

海南自由贸易港（以下简称"海南自贸港"）实施的税收创新举措具有空前的突破性，一经推出便引起了强烈的反响。海南自贸港最具吸引力的税收优惠政策集中在企业所得税和个人所得税两大领域。

在企业所得税方面，海南自贸港为企业提供的是更具普惠性的15%企业所得税优惠税率政策。企业享受这个低税率待遇需要满足一定的条件，主要包括两个方面：第一，企业要在海南进行实质性运营，也就是企业不能"有名无实"。对于实质性运营的判定，从政策法规来看，主要基于企业在海南当地"生产经营、人员、账务、资产"四个要素的情况，在实践中通常要遵循实质重于形式的原则。第二，企业主要从事的经营活动属于鼓励类产业。鼓励类产业的范围由《产业结构调整指导目录（2019年本）》《鼓励外商投资产业目录（2022年版）》和《海南自由贸易港鼓励类产业目录（2020年本）》构成，涵盖了相当多的行业种类。除了优惠税率，海南自贸港还针对旅游业、现代服务业、高新技术产业这三大重点行业企业中新增的境外直接投资所得提供了免税政策。

在个人所得税方面，海南自贸港为在当地工作的高端人才和紧缺人才提供了低税率优惠政策，也就是对个人所得税实际税负超过15%的部分予以免征。在没有优惠政策的情况下，个人的劳动性所得要按照超额累进税率征税，最高边际税率可以达到45%（包括工资薪金在内的综合所得）或35%（经营所得）。享受海南自贸港的优惠政策，将很大程度上降低个人所得税的税负，该政策成为吸引海内外高素质人才的利好政策。

此外，海南自贸港还在税制上不断探索并有所突破，将现行增值税、消费税、车辆购置税、城市维护建设税及教育费附加等税费简并成一个税种，即销售税。销售税的整体制度设计目前还处于调研分析阶段，是未来可以持续关注并值得期待的事项。

（二）西部大开发

西部大开发税收优惠政策，顾名思义，是鼓励和支持我国中西部地区经济建设和发展的区域性政策。它的适用范围包括内蒙古自治区、广西壮族自治区、宁夏回族自治区、新疆维吾尔自治区和新疆生产建设兵团、重庆市、四川省、贵州省、云南省、西藏自治区、陕西省、甘肃省、青海省等大部分中西部省区市。设立于西部大开发政策适用地区的企业，如果主要从事《西部地区鼓励类产业目录》中规定的产业项目，且主营业务收入占企业收入总额的60%以上，就可以按15%的税率缴纳企业所得税。国家对中西部地区的税收支持具有较强的持续性，这项税收优惠历经数次延续，最新的政策已将优惠期限延长至2030年12月31日。

（三）北京中关村国家自主创新示范区

北京中关村一直是国家高新技术产业的摇篮，也是制度创新先行先试的代表性区域。自2020年1月1日起，中关村国家自主创新示范区内符合条件的企业，可以享受两个具有突破性的税收优惠政策。

第一个优惠政策是技术转让企业所得税减免，也就是在一个纳税年度内企业技术转让所得不超过2000万元的部分享受免税，超过2000万元的部分减半征税。相较于现行政策下技术转让所得500

万元的免征额，企业享受的所得税减免力度大幅提升。

第二个优惠政策是对于公司型创业投资企业转让股权的所得予以企业所得税的减免。企业转让股权的所得，根据投资年限，享受不同程度的企业所得税减免。在本文第三部分中会介绍到公司型创投企业的实体形式对于个人投资人税负的影响。中关村国家自主创新示范区的优惠政策与公司型创投企业的税务特点密切相关，为降低个人投资人的税负提供了空间。

（四）粤港澳大湾区

粤港澳大湾区指的是由珠三角九个城市（以下简称"珠三角九市"）以及香港特别行政区、澳门特别行政区所形成的城市群。为吸引境外高端紧缺人才，珠三角九市出台了个人所得税优惠政策，对于相关人才就工资薪金、经营所得等劳动性收入缴纳的个人所得税超过15%的部分，由珠三角九市政府给予财政补贴，并对财政补贴免征个人所得税。这个优惠政策不仅适用于港澳台居民和外籍人士，也适用于符合条件的回国留学人员和海外华侨等。

（五）中国（上海）自由贸易试验区临港新片区

临港新片区是上海自由贸易试验区在2019年扩容新设的片区，它的发展目标是建立具有较强国际市场影响力和竞争力的特殊经济功能区。临港新片区的企业所得税优惠政策具有明确的产业鼓励方向，着力为集成电路、人工智能、生物医药等重点产业提供税收支持。新片区内主要从事这些重点产业关键领域和核心环节的生产研发业务并且符合一定条件的企业，可以自设立之日起5年内按15%

的税率缴纳企业所得税。

三、创始人持股架构及税务影响

这部分我们会聚焦创始人对于创业形式或者控股持股架构的选择，分享三种不同的持股架构。对于创始人来说，通过不同的持股架构进行投资，在计税方法、适用税率、纳税时点等方面都会有很大的区别，对个人的实际税负也会有不同的影响。

第一种持股架构最简单，就是直接投资标的公司（见图5-1）。假设标的公司的投资人由个人和法人构成，未来投资人退出投资项目的时候，会分别产生不同的税收影响——对于个人投资人来说，按照财产转让所得缴纳20%的个人所得税；对于法人投资人来说，则按应税收入缴纳25%的企业所得税。

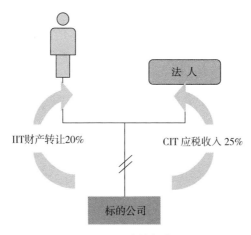

图5-1 直接投资

注：IIT为Individual Income Tax的缩写，指个人所得税；CIT为Corporate Income Tax的缩写，指企业所得税。

第二种是公司型创投企业持股架构（见图 5-2）。这个架构的变化在于个人投资人和法人投资人与标的公司之间增加了一个公司型创投企业，也就是个人投资人和法人投资人通过公司型创投企业间接投资标的公司。投资人以公司型创投企业为持股平台，通常可以同时投资多个标的公司。在退出某一个投资项目标的公司时，先在公司型创投企业，也就是持股平台层面缴纳 25% 的企业所得税。然后，持股平台把税后收益分配给个人投资人和法人投资人，个人投资人取得股息所得后再缴纳 20% 的个人所得税，法人投资人取得股息所得后通常是免税的，不需要再缴纳企业所得税。

对于个人投资人来说，与直接投资相比，这种持股架构增加了公司型创投企业层面缴纳的企业所得税，从而导致个人投资人在实际税负上产生差异。在本文的第二部分中，我们介绍了北京中关村国家自主创新示范区公司型创投企业转让股权的企业所得税优惠政

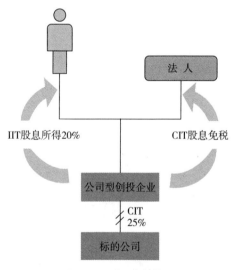

图 5-2　公司型创投

策，该政策就是通过减免持股平台层面的企业所得税，在一定程度上降低个人投资人的实际税负。

第三种是合伙型创投企业持股架构（见图5-3），也就是个人投资人和法人投资人通过一个合伙型创投企业间接投资标的公司。这里要特别介绍一下合伙型创投企业。从所得税的角度看，合伙型创投企业不是所得税的纳税主体。以图5-3这个基本架构举例来说，合伙型创投企业退出被投资标的公司时，合伙型创投企业自身不需要缴纳任何所得税，所得税是由合伙人，也就是投资人分别缴纳。若合伙型创投企业的合伙人是个人，则由个人按照经营所得缴纳个人所得税，适用于5%—35%的累进税率；若合伙型创投企业的合伙人是法人，则由法人缴纳25%的企业所得税。

通过对上面这三种类型持股架构进行简单比较，能够看到不同架构下个人投资人的实际税负是有差异的。直接投资架构下，个人所

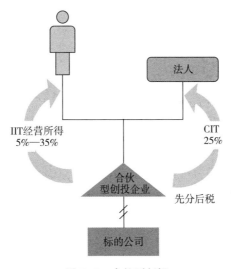

图5-3 合伙型创投

得税负为20%；公司型创投企业架构下，持股平台先缴纳25%的企业所得税，个人投资人获得股息所得时再缴纳20%的个人所得税；合伙型创投企业架构下，个人投资人通常按照5%—35%的累进税率缴纳个人所得税。那么，哪一种架构对于个人投资人来说是最好的选择呢？是否税负越低越好呢？其实选择持股架构并不简单，除了要考虑税务影响，还需要考量企业的发展模式、发展阶段以及不同形式的实体在外部监管和企业管理方面的差异等多方面因素，再进行综合判断。这一部分主要从税务角度简要分享，实践中的有效运用则需要个案分析，因为每个个案都有不同的优选方案。

四、企业股权激励及税务关注点

这一部分我们分享关于股权激励的基本概念以及股权激励的税务影响。

目前，常见的股权激励工具大致分为三种类型，即基于股票（股权）的激励、基于期权的激励以及基于虚拟所有权的激励。具体而言包括五种激励工具——限制性股票、股权奖励、股票期权、股票增值权和虚拟股票。这五种激励工具的结算支付方式也有所不同，其中前三种工具是通过向激励对象直接给予股票或股权的方式实现激励，而后面两种工具则是通过现金支付方式进行激励。不同激励工具对税务影响也是不一样的。

股权激励个人所得税的常见关注点和风险点可以总结为以下四个方面。第一，个人所得税的合理规划。一般来说，股权激励对象主要是企业员工，员工因任职或受雇取得的股权激励收入，需作为工资薪金缴纳个人所得税。目前，包括工资薪金在内的综合所得按照累进税率计税，边际税率最高为45%。与此同时，个人股权转让等财产性收益适用的税率是20%。在税率差异间寻求平衡，是目前市场上探索股权激励个人所得税合理规划的主要出发点。第二，现金流的问题。如果股权激励采用股票期权、限制性股票等工具，那么员工取得的是股票而非现金，在发生个人所得税纳税义务时往往面临缺乏足够的现金缴税的问题。如果股权激励涉及境外上市公司的股票，员工取得这些股票后可能还需要安排购付汇来支付对价。这些都是企业在实施股权激励时需要考虑的。第三，境内个人参与境外上市公司的股权激励，企业还需要按照国家外汇管理局的规定，完成外汇登记备案，这个步骤千万不要忽略。第四，股权激励个人所得税税收处理的复杂程度相对比较高，每个企业股权激励的具体安排也不尽相同，在实践中不同税务机关的处理方式和口径可能会有所差异。因此，企业要特别注意与税务机关进行及时和充分的沟通，确认股权激励中个人所得税的计税方法、备案及纳税申报要求等相关事项。下面是几种常见的股权激励工具及相应的税务影响。

　　首先来看股票期权计划（见图5-4）。股票期权计划并不直接给予员工企业股票，而是给予员工未来按照既定的价格购入企业股票的权利。股票期权计划通常有三个关键时点：第一个时点是授予，第二个时点是行权，第三个时点是处置。在计划实施的整个过程中，行权是第一个触发纳税义务的时点，也就是当员工选择以行权价购买企业股票时，员工支付的行权价与行权时股票市场价格之间的差额（图5-4中的行权收益部分）作为工资薪金所得缴税，适用的税率为3%—45%。第二个触发纳税义务的时点是处置。假设这个企业不断地发展，股票的价格也相应在上涨，当员工在市场上卖出之前在股票期权计划下购买的股票时，其行权时与处置时股票市场价格的差额（图 5-4 中的处置股票收益部分）是员工个人股票投资产生的收益，作为财产转让所得缴税，适用税率为 20%。

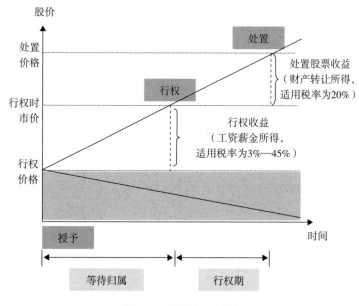

图 5-4　股票期权计划

其次来看限制性股票计划（见图 5-5）。限制性股票计划同样有三个关键时点：第一个时点是授予；第二个时点是解禁；第三个时点是处置。其中，解禁和处置是触发个人所得税纳税义务的两个时点。解禁时，限制性股票的所有权真正归属于员工个人，此时员工支付的对价与股票市场价格之间的差额（图 5-5 中的解禁收益部分）作为工资薪金所得，按照 3%—45% 的税率缴纳个人所得税。此后员工再处置这些股票时，与处置通过股票期权计划取得的股票相同,也就是员工取得的从解禁到处置期间股票的增值部分(图5-5 中的处置股票收益部分)作为财产转让所得,按照 20% 的税率缴纳个人所得税。

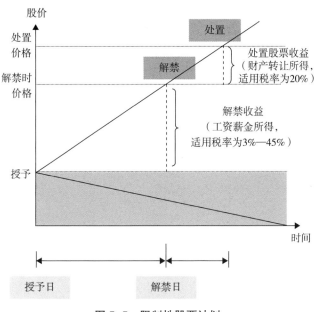

图 5-5 限制性股票计划

最后来看虚拟股票计划(见图 5-6)。顾名思义,虚拟股票不是以真正的股票进行激励,而是企业假设授予员工一定数量的股票,也就是虚拟股票。当实现业绩目标或满足其他限定性条件时,员工可以据此取得分红或者兑现虚拟股票价值增值的收益。员工兑现虚拟股票价值增值的收益,通常按照授予时和兑现时企业股票价格的差额和兑现的虚拟股票数量来确定(图 5-6 中的分红、兑现增值收益部分)。由于以现金形式进行支付,虚拟股票收入的计税相对比较简单,即全额作为工资薪金所得按照 3%—45% 的税率缴纳个人所得税。

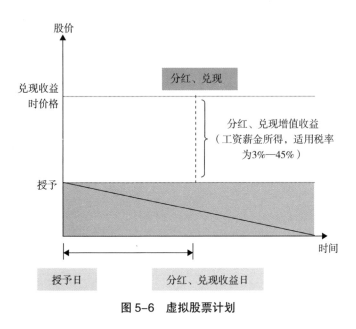

图 5-6 虚拟股票计划

通过以上分享可以看到，不同的股权激励工具各有特点，税务影响也有所不同。实践中，企业需要综合考量激励对象、激励目的、激励工具的有效性、员工税务负担等因素，结合企业的发展阶段，决定采用哪种股权激励工具。

企业实施股权激励计划，除了关注个人所得税，还要关注另外一个非常重要的税务问题，就是企业所得税的税前扣除问题。股权激励工具的实质是用股票或者与股票挂钩的现金为对价来获取员工提供的服务，用会计术语来说就是股份支付。对于股份支付，企业需要当期进行费用化，也就是说在会计处理上，要核算企业用于股权激励的成本并计入当期费用，这对企业的税后利润会产生影响。但是，从企业所得税的角度来看，股权激励的相关费用是否也同样予以认可呢？实际上，这里往往会产生"税会差异"，也就是税收处理与会计处理上存在不一致：会计上处理为当期费用，但是如果税务处理上不能确认为当期费用，甚至难以确认为可扣除费用，就需要在企业所得税计税时进行调整。对于企业来说，股权激励费用是否可以进行企业所得税税前扣除，是影响股权激励有效性以及企业成本负担的重要因素之一。

实践中，企业实施的股权激励计划往往更复杂，而不同的选择都可能有不同潜在的税务影响，甚至会增加税务处理的不确定性，因此也成为不可忽视的考量因素。例如，母公司以本公司股票激励子公司的高管，或者有境外上市计划的企业以境外拟上市主体的股权对境内企业的员工进行激励，都可能在企业所得税税前扣除方面面临一些挑战。此外，很多企业通过员工持股平台实施股权激励计划，而引入持股平台可能会增加个人所得税处理的复杂程度，也需要企业进行全面分析和综合判定。

五、发票电子化与日常发票风险防范

发票是企业日常生产经营，尤其是财税管理工作中极其重要的凭证。我国从 2015 年 12 月开始推行增值税电子普通发票，到现在全面实现普通发票电子化，已经取得阶段性进步。2020 年起，增值税专用发票电子化开始在部分地区试点，标志着发票电子化进程进入新的发展阶段。"十四五"期间，全国范围内各类增值税发票的开具、收取、储存等将全面实现电子化、无纸化，届时我国的税收管理也将迈上一个新的台阶。

企业在享受电子发票带来的便利的同时，也必须防范潜在的风险。如何提高对电子发票的管理和控制能力，实现从纸质发票到电子发票的平稳过渡，对于企业来说也是一个充满挑战的问题。

以下我们大致梳理了发票电子化过程中一些常见的涉税风险和挑战。

第一，鉴别发票的真伪。纸质发票可以通过票面上特殊印制的发票专用章、二维码等来鉴别发票真伪，而电子发票无法采用上述方式进行鉴别，因此企业更需要注意防范收到无效发票的风险。我们可以通过验证电子发票上的电子签名以及电子发票监制章，或在全国增值税发票查验平台来查验鉴别发票的真伪。

第二，重复入账的风险。由于电子发票具有可复制的特点，容易造成一张发票多次使用而重复入账，如员工可能会反复使用同一张电子发票进行报销。防范重复入账的风险，就要求企业建立完善的内控机制。当企业以电子发票的纸质打印件作为报销依据时，必须同时保存相应的电子发票，并在核验报销时对发票代码、发票号码进行严格查重；对于报销数量较大的企业，应当对入账发票进行台账管理，或者考虑升级财务信息系统，通过建立发票数据库进行自动比对等。

第三，电子发票的存档。电子发票作为电子形式的凭证，应如何归档保存呢？是否需要以纸质打印件的形式，按照纸质凭证的管理要求装订存档呢？随着发票电子化，特别是电子专用发票的推行，相关部门已经出台了政策，对电子发票的管理操作做出了明确的规定。符合条件的电子发票可以以电子形式保存电子会计凭证，形成电子会计档案，不需要进行打印。未来，税务机关基于企业的电子档案进行数字化监管将成为必然趋势，这也是企业内部税务管理的发展方向。

第六部分

建立初创企业的竞争壁垒
——知识产权

初创企业建立竞争壁垒和护城河

> 北京知果科技有限公司创始人
> 兼 CEO
> **刘思思**

本文从知识产权的角度，探讨如何建立初创企业的竞争壁垒和护城河。主要从六个部分进行分析：第一，案例分享；第二，怎样建立高度可识别的品牌；第三，如何以技术驱动建立企业壁垒；第四，国家政策的影响因素；第五，创业过程中可申请的知识产权种类；第六，创业过程中常见的竞争壁垒。

一、案例分享

先分享第一个案例。小米公司大家耳熟能详，在这些年小米一路飞速发展，取得了非常大的竞争优势，成为国内的几个巨头之一。从几项数据来看，小米是一家拥有大量的商标、专利以及申请了很多国家产业政策扶持的企业。截至 2023 年 7 月，小米拥有国内商标 13739 件（申请中+已注册），专利 3771 件（申请中+已授权），并且申请和享受了 88 项国家产业政策扶持。我们看整个时间线，在 2011 年之前，小米拥有的全部商标只有 40 多件，专利也只有24件。但是从2012年一直到现在，小米每年都有几百甚至上千件的商标和专利。然后还有一个时间节点，就是从2016年开始小米大量布局海外的知识产权领域。而小米进军印度市场后，在当地遭遇了巨大的阻力，知识产权其实是背后的原因之一。所以，根据这些数据可以思考，小米的知识产权在整个竞争格局里是如何发挥作用的。

再分享第二个案例。光锋科技是第一家在深圳科创板上市的企业，于2019年7月22日正式登陆科创板。但光锋科技在7月29日就收到一个来自海外的企业——台达电子提起的三项专利侵权诉讼。在7月29日当天，光锋科技立刻做出了反击，针对台达电子提出的涉案三项专利向国家知识产权局提出无效宣告请求。2020年2月11日最终裁决公布，台达电子的专利被判无效，光锋科技胜诉。其实，光锋科技在2019年之前就做了大量的知识产权布局，一定程度上促成了最终胜诉的结果。所以，是光锋科技知识产权的竞争策略让其获得胜诉的结果。

其实无论是小米，还是光锋科技，我们都会发现一个趋势，即中国的创业环境已经过了由人口、土地要素驱动的时代，进入了一个新的阶段，国家的科技创新、企业的竞争，如果没有品牌、没有技术，那么将会在整个竞争环境里毫无优势。

这两个案例给了我们一些启发，提示创业者应该怎样思考：一方面是要让消费者认识品牌维度；另一方面是在产品维度里，要有相应的技术作为企业的核心竞争力，两个维度都是必需的。

二、怎样建立高度可识别的品牌

在当今的市场环境下，我们已经进入了一个产品和服务都非常丰富的时代。对企业而言，如何能让消费者在成千上万的产品中记住你的品牌？这就取决于这个企业或者产品是否具有品牌效应。

品牌实际是市场概念。企业在产品或者服务推广的过程中能否让消费者建立起对品牌的认知，能否让顾客记住并且认可这个品牌非常重要。而所有的品牌因素最后附着到什么上面？是附着到一个商标上面？还是附着到某个特定的名字上面？其实，品牌背后的基础是一个商标，那我们就来具体介绍商标的一些基本知识。

商标是什么？商标是区别于不同商品或者服务来源的标志。同样做果汁的企业就有汇源果汁、娃哈哈果汁、可口可乐果汁等，所以商标在某种程度上是一个有区别的标识，用于区别不同厂家提供的商品或者服务。商标有不同的种类，有文字的商标，例如大屏幕上看到的汇源；有图形的商标，如星巴克的商标；有字母的商标；也有字母、文字和图形组合的商标，如京东的商标；有数字商标，如361°商标；有声音商标，如新闻联播开始前的声音，就是一个典型的声音商标。所以，要根据企业自身的产品或者服务的属性，选择如何构成商标标识，可以提取文字作为商标，也可以提取图形作为商标。

那么，在商标的申请过程中，主要的考虑因素有哪些？任何一个经营主体要用某个商标时，如果想要商标得到中国法律的保护，那么需要走法律申请流程，要向国家商标局提交商标申请，让这个商标成为一个注册商标。这时企业就获得了这个商标的专属权利，你可以合法使用这个商标而别人就不能再使用了，一旦别人使用了将会侵权。

企业在商标申请的过程中有几个因素要考虑。第一，所有商标都属于经营主体，也就是在中国的法律规定下，只有一家公司或者从个人的角度作为一个个体户才能算作经营主体。例如，我是一个人，但我没有经营主体能不能申请商标呢？答案是不行的。第二，企业商标的构成元素可以是文字，可以是图形，也可以是文字和图形的组合，要选好商标的样式。第三，目前商标一共分为45个类别，代表了企业所申请的不同产品或服务。举一个例子，如果你是生产计算机的，商标就会在计算机这个类别；如果你是生产服装的，商标就在服装的类别，它们分属于不同的类别。在商标的45个类别中，1—34类属于产品类别，35—45类属于服务类别，所以45个类别涵盖了所有的产品及服务类别。这就是企业在申请商标的过程中主要考虑的三个基本要素。

申请商标前还要考虑一些因素。第一，企业的品牌名称，也就是取名时要思考商标的名字能否有利于消费者记忆，是否朗朗上口，是否能让消费者喜欢，这些情况要在取名时就明确。第二，现今正处于网络时代，要注意商标能否与域名重合，如果能一致是最好的，这样企业的推广成本较小。第三，企业的名字和商标申请时提交的名字能否一致。因为商标的名字和企业的名字适用于不同的领域，如果商标和企业的名字是一样的，那么在整个推广的过程中要避免消费者在认知的过程中产生消费误差。前期申请时，可以在搜索引擎里查一下是否有相同的或者类似的名字已经被使用了，如果已经被使用了，这个商标基本上就不能再申请了。所以，关键是要在选好名字之后、提交申请之前进行名字的基础检索，确保商标可以被申请。如果已经存在该名字，那么你再去使用就会面临侵权问题以及更换商标的风险。

以上是关于商标申请的一些基本要素，实际上商标申请是一件比较专业的事，第一要选对类别，企业所从事或未来可能从事的经营范围不是单一的，那么注册的类别就需要和经营范围保持一致，或者包含经营范围，才能做到有效保护；第二，在选定的类别里，商标名称能否被注册，需要专业人员的检索判断，如先前是否存在近似商标、如何运用法律程序最终获得商标授权。经过专业的商标律师分析后，可以大大提高商标的通过率，申请保护的商标类别甚至商品项目，都可以更加准确、有效。要注意一点，中国现有1亿多个经营主体，并且每天都有大量的新注册企业，在这种情况下，商标申请会遵循"申请在先"的原则，就是谁先提交申请，商标局就先审核谁的商标，后申请的基本都会被驳回。

所以，申请商标要有时间概念。当你要经营企业时，首先要去琢磨你的产品或者服务需要怎么命名，想清楚了之后第一时间就去提交申请。我们发现非常多的案例，就是因为差了一天或是两天最后被驳回申请。市面上有大量的服务机构提供这样的产品或服务，但是首先你要取一个适合你的产品或者服务的名字。其次，取名字时要去考虑推广的成本，尽可能让域名和名字相匹配，这是最好的一种情况。再次，要考虑时间成本，要尽可能地快。最后，要找一家专业机构代理申请商标。这些是在整个商标申请的过程中需要注意的要点。

三、如何以技术驱动建立企业壁垒

技术驱动在某种程度上表明这个企业有创新技术，在激烈的竞争过程中能够通过创新技术满足客户的需求。从法律的角度来说，技术最后要通过专利来保护。现在不论是基础行业还是高新行业，都对科技创新有非常高的要求，科技创新的本质最后体现在专利的维度。所以，对于技术驱动型企业，专利上的布局是非常重要的。

科创板对上市企业提出了一个新的要求，就是所有在科创板上市的企业必须属于科技创新领域，并且创新专利需要达到一定的数量。在某种程度上，这都是专利领域的趋势性引导，那我们就从专利的角度来简单聊一聊。

专利主要分为三大类：发明专利、实用新型专利、外观设计专利。一般来讲，发明专利更多的是保护产品；实用新型专利更多的是保护形状、构造；外观设计专利更多的是保护形状、图案、色彩这些具有美感装饰性的品类。针对不同类型的创新应有相应的不同类型的专利策略。一般而言，技术性强的是实用新型专利和发明专利，美感装饰性外观强的是设计专利。

我们知道了三种不同的专利类型后，就需要了解一下专利布局的四种模式：第一种是特定主角的专利布局；第二种是地毯式的专利布局，涉及了大量的研发，需要大量密集布局；第三种是围墙式的专利布局；第四种是部分包绕式的专利布局。随着研发的进展，企业在不同的阶段需要选择相对应的不同类型的专利布局。

企业在申请专利的过程中需要注意以下事项。第一，专利的申请布局属于专业领域，需要在理解技术的同时理解专利申请文件的撰写技巧，可以找一个比较专业的服务机构。第二，专利的申请要注意时机，如果企业的产品提前上线，或者方案已经提前向市面公布，那么就失去了最佳的保护时期，也就失去了新颖性，因此在申请专利时可能不会成功。所以，在研发的过程中，向外公布之前要做好专利申请。第三，专利申请需要团队配合。首先，企业内部专利工程师或者研发人员需要与外部的机构做好衔接，这里也会有一些对接机制。这点对研发型创新驱动企业特别重要，要确保所有核心技术研发都通过专利的保护和专利权利的转化来实现价值。其次，在专利布局的过程中，要有时机意识，就是要提前，在产品或者技术方案对外公布之前要完成专利申请，否则将会面临失去技术新颖性后导致专利申请失败的局面。最后，要甄选服务机构，服务机构要与内部的研发人员做好配合，很好地理解技术方案并且转化为法律语言。

四、国家政策的影响因素

在中国的创业环境中，政府起到了非常重要的作用，无论是财政政策引导，还是产业政策扶持，我们都要关注。我们要确保所从事的领域是政府现在所扶持的，而不是已经走向没落、政府不支持的领域。我们一定要顺势而为，找到符合我国需要的产业，符合我国政策驱动的领域，做出相应的产品或服务。我们要特别地关注中国的财政扶持因素和五年规划等，因为每个阶段都会有针对特定产业的扶持政策。无论是资金扶持还是政府对各领域中特定项目的背书,创业企业都要重点关注,这是市场推广的额外资源以及资金的额外来源。

  接下来讲解整个国家扶持政策的影响。随着科技创新成为国策之后,政府出台了越来越多的导向政策,那么,科技创新项目的扶持政策主要有哪些呢?首先,无论是国家层面还是地方政府层面都会有大量人才类的政策,现在各个地方政府都在抢人,每个地方都会有针对性地出台当地的人才政策。例如,北京有"中关村雏鹰人才""中关村高端领军人才"等,这都是人才类的扶持政策。其次,国家有很多资质类的政策项目,会有大量对企业资质的评估和授予。企业是不是可以成为高新技术企业或者软件技术中心、是不是可以被评为"专精特新"或者"瞪羚"企业等,会对企业的发展产生重要影响。企业是不是高新技术企业有一个分界线,成为高新技术企业之后,会有税收的优惠及当地政府的资金奖励,这部分是非常重要的。所以,在企业度过了从无到有的阶段,投入了相应的研发成本并有一定的营业收入且得到了一定的市场认可之后,就要重点关注资质类的政策。最后,就是资金类的政策项目,这是政府对特定产业的优秀项目给予资金的直接奖励。还是以北京为例,如朝阳区对企业研发投入的资助、研发设备的补贴、科技成果转化专项的资金扶持、重要企业的创业基金等,这些全都来自政府对特定产业给予的资金扶持,并且资金类的政策项目会重点支持有持续研发投入的科技创新型企业。

  这里我要分享一个我们自己的案例。知果自成立以来也享受了大量的政府扶持政策,如人才政策支持、资金政策支持。我们是高新技术企业,到现在我们有不止600万元的资金支持几乎全都来自政府的扶持资金的补贴。总之,政府对特定的扶持领域有大量的补贴政策。对于创新企业而言,如何最大化地去享受政府所发布的政策扶持,我认为有以下几点可以做。

第一,要为企业创造出符合当地政策的申请条件。无论是人才、资质还是资金,要做好提前的规划。第二,每一个项目背后都会有来自人才或者财务以及知识产权的要求,企业要有计划地去实施,要让企业在这些项目里符合要求,提前做好准备。第三,要在特定的时间进行有效的申报。因为每一个项目都有特定的时间周期,在特定的阶段做好规划,才有可能获得相应的政府扶持政策或红利。

五、创业过程中可申请的知识产权种类

一个科技创新型企业如果没有商标、没有专利、没有著作权,就无法证明自己是一个科技创新型企业。所以,知识产权的申请是评价企业是不是科技创新型企业的核心,也是判断企业是否拥有核心竞争力的主要依据。所以,我们应该有计划地布局,有计划地将企业的知识产权全部覆盖。

我们能够申请哪些知识产权?从商标的角度看,要确定项目名称、公司的名字、App 的名称、网站的名字等,这些都要成为注册商标需要考虑的因素。从专利的角度看,当企业有一个新产品、新的技术方案或改进技术方案等创新点出现时,就要想到可以申请专利。从版权的角度看,企业的 logo、吉祥物、软件、商业模式、软文、表情包等这些创意的部分,都可以申请版权。有些企业不希望申请专利,不想公开,那就要做好商业或技术的保密工作。

如果企业不仅想要立足于国内市场,还想要立足于海外市场,那么海外知识产权的布局也是必须考虑的事情。国外尤其是西方一些发达国家的知识产权环境可能比国内的知识产权环境更严。所以,如果企业在知识产权方面出现问题,可能就会导致企业退出国外市场的风险较大,有海外布局的企业尤其要注意。另外就是发展企业的同时也要有意识地去关注政府政策扶持资金。

比如第一部分讲到的小米就申请了大量的商标和专利,还申请了多项国家产业政策的扶持,拿到了大量的政府政策扶持资金。小米和红米的企业名字就申请了商标,而且小米申请新的 logo 花了 200 万元。另外,小米钱包、小米盒子、小米应用超市、小米吉祥物等,所有细分类型的产品或服务都应有意识地去申请商标,防止别人盗用、防止丑化企业名字,如黑米等。一些特殊设计的字体,也可以申请商标。

六、创业过程中常见的竞争壁垒

创业过程中常见的知识产权问题有以下几方面。第一,对于创业者而言,最大的问题可能就是对知识产权的重视度不够,例如不知道企业的品牌或者技术可以转化为专利。这是认识方面的问题。创业者需要认识到,企业的名字应该去提交法律申请让它成为注册商标,企业的技术应该去提交申请成为一个专利。企业有了新的产品和技术,要转化为对企业而言重要的商标权、专利权、著作权。一旦建立专业认知,问题也会变得简单,可以请专业机构协助申请。所以,对于科技创新型企业而言,重点是如何在一开始时就要认识到创新的核心根基是知识产权，要重视核心资产。提升对知识产权的重视是一个科技创新型企业无形资产的核心体现。

第二，创业者对于知识产权的规划并不是特别清晰和全面。就像前面提到的，有些企业并不清楚商标应该申请哪些类别。因为一共有45个类别，如果你只申请了某几个类别，没有申请另外的类别，但是有一天企业要去做这些类别中的产品或服务时，可能发现这些类别的商标已经被别的企业注册了，那么企业将会丧失这些类别的产品或服务。比如华为，它的产品从一些专业设备到手机，再到汽车，几乎全类别全覆盖了，所以任何一个产品，任何一项服务，都可以来使用华为商标，这就要提前规划和布局。专利方面，企业发展到一定阶段应该提前思考未来的发展方向，要提前规划，可以借助企业内部的知识产权专业人员或外部的知识产权服务机构给出规划。

第三，忽视时间点的重要性。大量的企业一开始只关注如何生产产品，如何把产品快速地推向市场从而带来营收，但是，这会有一个问题，即如果我们把产品推向市场之前没有提前做好商标或专利方面的准备，那么市场上大量的竞争对手、同行将会知道企业的品牌和技术，一旦有竞争对手比企业提前申请了商标或专利，企业后面的成本将会变得非常大。申请一个商标或者申请一个专利，成本都是比较小的，但是如果失去商标或者专利再想拿回来，那么无论是购买还是通过诉讼都会耗费巨大的时间成本和资金成本。本来几百元钱就能申请一个商标或者一个专利，但后来却要花几十万元、上百万元，甚至更多的钱，这是非常不明智的。因此在时间的维度里一定要有这样的认知：公司要在产品推出市场之前提前做好规划。

第四，商标申请的规划问题。刚开始基于资金成本的考虑，企业可能只申请一两个商标，但是随着发展需要，要有意识地做类别的扩展，为以后更多的产品或者服务扩列做好准备。当企业想要去扩展时发现没有相关类别的商标，成本就会比较大。所以，从经济的角度去考虑，我们会建议尽可能在前期多做商标类别的申请，因为申请商标的成本并不大，如果资金相对充裕，就尽量进行全类别的申请。

第五，要思考清楚企业的市场是在国内还是在国内加海外。如果有海外市场，那么需要提前布局，因为知识产权全都是在本国的法律框架内来进行保护的，也就是说，中国的法律保护中国市场的知识产权，要进入美国市场还要按照美国的法律申请美国的知识产权。所以，要进入哪个国家的市场就要在哪个国家的体系里申请知识产权，提前布局。

第六，要有侵权的意识。现在国家对知识产权的保护越来越重视，如果企业侵犯了知识产权，那么可能会被罚得倾家荡产。所以，在创业的过程中，要更加重视知识产权的法律保护，一方面要保护好企业自己的知识产权以免被其他企业侵犯，另一方面也要关注自己的产品是否侵犯其他企业的知识产权。

第七部分

创业者的必备能力与知识

讲好你的创业故事
——商业计划书攻略与技巧

▸ 泽然资本投资基金
创始合伙人
▸ **陆海**

商业计划书（Business Plan，BP），是以融资为目的来介绍公司业务，用以展现优势，进而吸引潜在投资人的书面文件。对于投资人来说，商业计划书是用来判断企业的发展方向是否与自己投资的领域相匹配、项目是否有亮点、是否值得进一步沟通和面谈的重要依据。对于企业来说，商业计划书是展示企业的商业模式、展现企业的亮点、吸引投资人的重要文件，同时也是站在投资人的角度，与投资人建立联系，对投资人进行行业普及的重要资料。

我们一般把商业计划书分成市场、行业、企业、优势等内容。总体而言，商业计划书要展现出企业所在的市场有前景，企业所在的行业有机会，公司的业务有优势，投资人的投资有回报，这就是商业计划书的作用和价值。

一、市场

这一部分重点分析市场的规模、市场的发展趋势、市场的驱动因素等。把市场放在第一部分是因为它的重要性。市场规模决定了企业未来的发展空间。也就是说企业一旦成功,它的收入能达到什么体量,利润能达到什么规模,资本市场的估值能达到什么高度,是由市场规模决定的,同时市场规模也决定了企业对投资人的吸引力。在二级市场上的多数公司规模都是从几十亿元到几百亿元市值,而到千亿元市值规模的公司就非常亮眼了,到万亿元市值规模的公司是凤毛麟角,那都是大家所熟知的公司。这些公司能够达到不同的市值,除了跟企业自身有关系,在一定程度上也跟它们所处的市场规模有关。因此,商业计划书的第一部分往往是写企业所在市场的规模。

说完规模,下面就说市场前景,也就是市场走向。市场前景一般分成三种:上行的市场、平稳的市场和下行的市场。

第一种市场是上行的市场,比如说新能源汽车。在中国,新能源汽车是近几年才得以发展的市场,每年的销售量从几万辆增长到近百万辆。随着国家对节能环保的重视,新能源汽车不断地替换燃油汽车,由此,新能源汽车市场就是上行的市场,而燃油汽车市场未来有可能就是下行的市场。最近,新能源汽车公司在资本市场上估值很高,是因为它面对的是一个万亿级的市场规模。虽然新能源汽车现在一年只有近百万辆的销售量,但是如果一千多万辆燃油汽车慢慢地都变成了新能源汽车,那么即使新能源汽车的单价是十万元,大概也可以算出这是一个上万亿元的市场规模,新能源汽车的市场规模想象空间是巨大的。所以，哪怕现在这些新能源汽车企业每年只能销售十几万辆车、几十万辆车，它仍然拥有比较高的市场估值，就是因为新能源汽车具有良好的市场前景。

第二种市场是平稳的市场，比如说珠宝市场。因为珠宝的消费人群、消费量基本上常年保持不变，这就是一个很稳定的市场。

第三种市场是下行的市场。下行的市场往往是由于需求萎缩或者是被其他商业模式淘汰而形成的市场。比如说电视广告市场，在十几年前大家都看电视时，电视台的主要收入来自广告收入，但是现在由于被电梯广告、视频网站广告、短视频广告等分流，导致电视广告市场处于下行的趋势。

是否企业处于下行的市场就一定没有机会呢？答案是否定的。比如说光引发剂行业，它所面临的市场由于进入了红海竞争，导致光引发剂单价不断下降，虽然消费量还是平稳或者缓慢上升，但是价格的剧烈下降导致了整个市场下行。虽然红海竞争让很多光引发剂企业被淘汰了，但是剩下的企业不仅有成本优势而且经营状况良好，这些企业就能获得更多的市场占有率，竞争优势更加集中，企业也可以从中获利。所以，即使企业处于下行的市场也仍然有机会，包括创业机会和投资机会。

总之，面对创业者的商业计划书时，投资人一定要评估一下企业所在市场的规模和前景，它们跟企业的估值息息相关。一些大规模的市场往往是针对消费者的市场，而一般针对企业的市场其规模会相对比较小。针对消费者的市场，比如说字节跳动、快手、拼多多等，它们现在都是接近上万亿美元市值的企业，它们在早期融资时，很容易就达到了一百亿至两百亿美元的估值，这正是因为它们成功以后带来的市场规模想象力是巨大的。

二、行业

行业往往是商业计划书的第二部分,这一部分的核心是要展现企业所在行业是怎样的,包括行业的发展历史、行业所处的阶段、行业未来的发展趋势、行业的驱动力、行业的竞争格局等。

在行业部分,一般简单地用时间轴或者曲线图的方式来展现行业发展的历程。因为投资人并不会对所有的行业都了如指掌,投资人也在不断学习,所以创业者在给他们普及这个行业发展历史的时候,也能够加速投资人学习的过程,进而加快他对你企业的投资判断。

行业所处的阶段也很重要。展示行业所处的阶段时,我们会用到一种方法——参考法,就是先分析行业在成熟市场的发展过程。在成熟市场里,这个行业的成功企业是怎样一步一步做大的,这些成功企业做大后能实现怎样的收入、利润,能做成什么体量的公司,能做成多大影响力的公司,能做到多少估值的公司,这都是有参考价值的。比如,美国的物流行业就是一个成熟市场,它经过了从单一产品快递向综合性物流全面发展的一个过程,所以美国物流企业也经历了从单一企业向多样化企业发展的过程。中国的物流行业现在正处于从单一产品快递向综合性物流全面发展的过程中,那么对于中国的物流行业而言,国外物流巨头的发展过程就具有参考价值。国外物流巨头的市值有接近上万亿元人民币的规模,而在中国,很多物流公司的市值仅在几百亿元人民币,最高也是千亿元人民币市值的规模,因此还有很大的发展空间。但即使这样,在2015—2022年,中国一些物流企业的估值有了近10倍的增长规模。除原有业务规模的增长外,多元化综合发展也是估值增长的重要原因。尤其在一级市场,当中国的物流企业没有上市时,如果这个物流企业估值在十亿至二十亿元人民币,参照国外物流企业,上市后,该物流企业市值就能达到八千亿至一万亿元人民币。如果进行投资并且未来企业成功了,投资人可能就会有几十倍的回报。这种参考法是行业里一种常用的方法。

同时,商业计划书要分析行业在不同地区所处的阶段,不光是中国参考欧美国家的行业发展经验,事实上东南亚国家也在参考中国的行业发展经验。比如在电商、网上支付、网约车等行业,中国的市场就为东南亚的投资行业提供了参考价值。

分析完行业所处的阶段,商业计划书还要分析一下行业未来的发展趋势。以物流行业为例,它未来的发展趋势会集中在几个头部企业,行业的中间层会越来越小,小企业会零星存在。而随着头部企业探索多元化发展,逐渐成为物流行业巨头后,其他小企业将会被逐渐淘汰,这就是一个行业未来的发展趋势。

商业计划书还要分析行业的驱动力。影响行业驱动力的因素包括欧美国家的技术政策封锁、消费升级、国内政策驱动以及技术创新等。近年来,因为欧美国家对我国进行技术政策封锁,于是在半导体行业就出现了五年甚至十年的国产替代的机会。过去半导体的供应商都是欧美国家比较先进的企业,现在由于技术政策封锁,我们只能自力更生。在这个时候,国产的半导体供应商就有了替代的可能性,这体现了由欧美国家的技术政策封锁给我国行业发展带来的一个机会。

人均GDP（Gross Domestic Product，国内生产总值）达到五千美元时，服务业会迎来迅猛的发展，这也是参考海外的发展经验得出的结论。这体现了由消费升级给我国行业发展带来的一个机会。

有一个特别小的行业叫数码雷管，这种产品是民爆行业里用来控制引爆的。以前，传统的技术手段不安全，没有一个控制体系；现在通过国家强制或者政策引导，数码雷管全部变成芯片式数码雷管。对原来从事数码雷管的企业而言，迎来了一个快速渗透、提高市场占有率的机会。这体现了由政策驱动给我国行业发展带来的一个机会。

技术创新也会给我国行业发展带来一些机会，比如人工智能技术的突破和新能源汽车的技术提升等都能促进相关行业高质量发展。

商业计划书还要分析竞争格局。这一部分主要包括企业所在行业里有哪些竞争对手，每个竞争对手的收入情况、利润情况、客户资源及技术优劣势等。这时，可以通过一张表格列出各家的情况，既可以让投资人有清晰的了解，也可以让自己知己知彼，百战不殆。这部分内容就算你不告诉投资人，投资人也会花时间去研究和了解你的竞争对手。投资人往往喜欢选择投资行业中的龙头企业，所以投资人一定想要知道你的企业在这个行业里是不是龙头企业，或者有没有潜力成为龙头企业。行业竞争格局这部分内容很重要，创业者一定要花大量时间去了解行业现在的竞争格局，这也是对自己企业负责任的一种态度。

三、企业

在商业计划书中介绍完整个行业后,我们要回到企业自身,介绍自己的企业。

第一,介绍企业基本情况。企业是什么时候成立的、企业如何发展等情况可以用曲线图或时间轴的方式来介绍。有些企业的发展历史比较长,如果能把企业在什么时候引入什么业务、什么时候取得了突破、什么时候获得了标杆性客户等历程讲清楚,投资人就会对你的企业更了解、更有信心,也能够把你的企业和竞争对手区别开。在介绍市场和行业时,一定要说明当前市场和行业有哪些痛点和存在哪些竞争对手;在介绍自己企业的时候,就要说明企业优势是什么、企业优势能够符合哪些行业机会、企业优势能够匹配哪些竞争要素等。当然,一定还要介绍企业的主营业务和商业模式。

第二,团队介绍。投资归根到底是投资"人"。在一家企业进入扩张期、发展期或者成熟期时,有很多指标可以参考,但是在企业比较早期的时候,投资人就只能相信团队,所以如果团队有亮点,就一定要凸显出来。比如,团队拥有全球领先的技术、国内唯一技术或者团队有成功创业经验等。

第三,企业现在的业务情况和未来规划。比如,介绍企业的产品现在研究到哪个阶段、企业拓展客户进展如何等,如果企业已经拓展了一些标杆客户,就会增加投资人的信心。当然企业拓展客户的情况一定要真实,不能有误导。如果投资人验证后发现标杆客户并非企业的客户,那么他的预期就会有落差,反而影响了他对企业的印象。

公司业务情况介绍也需要和市场相互呼应。比如，前面介绍在A市场方向有机会，在业务规划时，就一定要写企业的业务发展能匹配A市场的方向；不能说在A市场方向有机会、在A市场方向有痛点，但是企业的业务规划都是B市场方向的，跟A市场方向没有任何关系，这种情况一定要避免。

第四，企业的财务情况。财务情况包括过去的财务数据以及未来的财务规划。企业最终的经营情况是反映在财务报表上的，投资人也非常关注这一点。这时就要注意财务情况不要写得特别全面，只需要写出企业的收入、毛利和净利就足够了，若投资人对商业计划书感兴趣，则后面还会跟投资人进行长期接触。更多的财务情况，如资产负债表或利润表，留到后面深入交流时再提供，或可以签完保密协议之后再提供。

相比过去的财务数据，企业未来3—5年的财务规划更为重要，这关系到公司的发展速度、增长速度，与公司的估值呈正相关。财务规划有两种写法：有些创业者会把财务规划预期写得特别高，增速特别快，也有些创业者会把财务规划预期写得保守一些，两种写法各有各的优劣势。当创业者把财务规划预期写得特别高时，虽然显示了自己对企业未来的信心，但给投资人带来信心的同时也会带来顾虑，投资人会想企业怎样才能做到这么高的财务规划预期，同时企业财务规划预期增长特别快时，往往对估值也会有比较高的要求，当投资人对企业未来没有足够信心时，他可能会要求跟公司业绩对赌。当公司财务规划预期写得特别保守时，投资人又可能认为创业者对企业未来信心不足，也会产生顾虑。所以，我们一定要客观地分析和预测自己企业未来的财务规划。

　　企业优势就是说清楚为什么是由我的企业来做和我的企业应该怎么做，这里面更重要的是为什么是由我的企业来做。因为商业模式相似的企业可能有很多家，为什么投资人要选你这家企业，企业优势就回答了投资人的疑问。至于怎么做，一定要避免长篇论述，因为做什么是一个战略性问题，怎么做是一个战术性问题，商业计划书上要更多地体现战略性问题，战术性问题是会随时调整的。竞争优势、团队优势、人脉资源、标杆客户、技术突破、成功案例等，这些都是我们区别于竞争对手企业的优势。

　　最后，希望大家都写出既精炼又能打动投资人的商业计划书。

科技成果转化与科技创业

▶ 创客总部
  合伙人
▶ **陈荣根**

一、科技成果转化的现状

我国经过几十年的高速发展,模式创新已经走到了极致。几乎所有能想到的模式现在都已经尘埃落定了,甚至已经有巨头做得很好了,竞争变得异常激烈。这并不代表模式创新不能做了,而是创新模式太难了,现在通过模式创新来促进增量发展难度非常大。

促进增量发展最好通过生产力提升、技术创新。特别是2015年以来,传统产业因为存量竞争以及成本提高,发展压力越来越大,亟需新的技术来实现产业升级。

技术创新不但能够创造新兴产业,比如机器人、商业航天、生物制药、新材料等,也能帮助加速产业转型升级,形成新的优势。我国想要改变出口8亿件衬衫才能交换一架波音飞机的旧模式,就需要企业提升价值链高度。这样既能减少环境污染,节能减排绿色发展,也能获得更高的利润。

技术创新在某种程度上将促我国经济的高质量发展和社会生

活的高品质提升，技术创新拥有广大的市场空间，会带来较大的经济价值和社会价值。

我们有没有能力利用技术创新来创造更大的机遇呢？让我们来看一下中国科学技术信息研究所的数据：2022 年我国发表在各学科最具影响力国际期刊上的论文数量排在世界第一，而且这几年我国的专利和商标等知识产权总量蝉联全球第一。近年来，我国知识产权已呈现出高质量发展趋势。这意味着我国已经有了很好的技术储备，有的体现在专利上，有的体现在人才上，接下来就是从量变到质变的过程，把技术创新从实验室里转化出来创造新兴产业，促进企业的转型升级，为经济社会发展创造价值。

自 2015 年以来，创新创业迎来技术的红利期，首先体现在尊重技术的价值：不论是政策、市场、资本，都给予了技术非常高的估值，各类政策、市场、资本全力支持技术创新。

现在做技术项目投融资服务，服务目标不再像以前一样只要找到优秀项目，而是不但要找到优秀项目，还要有能力向项目方争取投资份额，如今大家都在抢占优秀项目的投资份额。

2019 年科创板开市，给技术创业公司带来更高的市值溢价，提供了更好的投融资进出机制，给技术红利创造了可喜的市场，带来重大的长期利好。

大企业现在更愿意试用或应用技术创业公司的产品和服务，甚至不少大企业也愿意投资相关领域的技术创业公司。在做好主业的同时投资技术创业公司，这种"双轮驱动"成为不少大企业的发展模式。这对技术创业公司来说是至关重要的，有了应用的机会才能更好地更新产品线，才有可能越做越强、越做越大。特别在高精尖、依赖生态的一些领域，比如基础软件、仪器设备、芯片算法等，都会不断迭代更新带给初创公司一些好的机会，这在以前是不可想象的。未来，还会有相当长的技术红利期。

当前，我们的科技成果转化有没有不足之处？对于创业者来说，行业的不足之处往往是机会。实际上我国的科技成果转化率非常低，专利技术的转化率是10%—15%，高校院所专利技术的转化率是5%。

科技成果转化率之所以很低，本质上是因为科技成果转化路径长、投入大、见效慢、对转化的人才要求高。科技创新面临三大鸿沟：技术鸿沟、产品鸿沟、量产鸿沟。技术到底过不过关，能不能开发出用户满意的产品，是否可以规模化生产，取决于创业者是否攻克科技创新面临的三大鸿沟。

综上所述，我国科技成果转化的现状是市场需求巨大，技术有积累，政策和资本支持多，但是转化有难度。推动科技成果转化与科技创新，是艰难而正确的事情。

二、科技成果转化的常见模式

第一种是技术开发。基于需求方（以企业为主，也有机关事业单位、军队等）实际应用场景，或者需求方认可的要求，由需求方和高校院所一起来进行技术研发，或者委托高校院所来进行研发。科技成果的转化体现为研发出新产品、新技术、新工艺、新材料等。需求方要为此向高校院所付费，有时也会通过申请政府经费来完成这样的技术开发。

第二种是技术转让。技术所有方把技术成果进行应用转换，受让方向转让方支付一定的费用。

第三种是技术许可。相对于技术转让，技术许可是把技术成果许可他人在一定时期、一定领域、一定地域、以一定方式进行转化应用，来获得相关费用。此时技术所有权还是技术方的，没有转让出去，转让的只是特定的使用权。比如，技术方将算法授权合作伙伴，五年之内可以应用于交通领域，五年以后合作伙伴还要使用就需要另外付费了；如果合作伙伴用在其他的领域，比如服装行业，那么也得另外付费。

第四种是技术入股。以技术投资的形式入股企业相对比较复杂。技术转化为新资本也称为智力资本，这样技术方就占有了企业的股权，成为企业的股东，按照股东的权利分红。除了入股方式比较复杂，未来收益的不确定性也提升了技术入股的复杂程度。

无论以上哪种方式，从创业的角度来说就是两种模式：一种模式是由高校院所技术源头发起的科技创业或由科学家及其关联方发起的科技创业，另外一种模式是由社会人士发起的科技创业。

社会人士如何启动科技成果转化呢？一般流程如下。

第一步，发现需求。发现需求以后再去高校院所寻找技术，这是较好的科技创业发起方式。也有先发现技术，然后基于技术来创业的。社会人士更应该以市场为导向启动科技创业，发现市场需求之后再发起科技创业。

第二步，技术尽调。有了需求，接下来是寻找技术和选择技术的过程，也就是技术尽调。技术尽调的方法很多，比如一开始可以先在网上查资料了解相关技术方向在国内高校院所的学科排名情况,例如查脑机接口就能查到高校院所在该学科的排名,这样就有了线索,再进一步就能了解到院系、实验室以及科研人员的情况。接下来,需要与科研人员进行联系,可以通过高校院所负责科技成果转化的部门协助对接科研人员,可以通过从事科技成果转化的第三方服务机构对接科研人员,可以参加相关的学术会议认识科研人员,也可以参加高校院所、政府部门举办的科技成果转化论坛等各类活动对接科研人员,比如论坛和峰会活动。这是一个需要破局的过程,认识了第一个科研人员就会认识第二个科研人员,以后主要靠熟人介绍,就能认识更多相关领域的科研人员。找到技术后,就是可行性沟通和探讨,例如技术是否能解决需求、如何解决、是否有合作可能性、大约有什么代价等,如果这些答案都是肯定的或是能够接受的条件,那么之后就要进行专业的技术评估。除了自己分析评估,最好邀请行业专家对技术的先进性进行评估。此外还要从多个维度,如市场前景、商业可行性、技术门槛、潜在的技术风险点等,对技术进行综合分析。如果技术确实很好,市场空间也很大,那么接下来就是建立合作获取技术了。

第三步,商务洽谈。科技成果转化的各个参与方都有不同的诉求:有的科研人员只负责技术转化;有的科研人员希望能够长期合作;有的科研人员提出的技术作价很高,对创业者来说一次性付款压力很大。在策划的过程中既要考虑自己的需求,也要考虑合作方以及市场情况。有了初步方案之后就可以跟科研人员、高校院所进行商务洽谈。经过细致的磋商后,合作签约、付款、获取技术。

第四步,交付技术。交付技术有别于硬件产品买卖,硬件产品交付需要有明确的期限,而技术如何交付、承接是个很大的挑战,而且技术在持续发展,今天技术强不等于说未来技术也强,关键在于技术研发实力。所以,最好合作一开始就把技术迭代和获取技术等问题都解决好。例如,派人到科研人员那里学习如何运用这个技术,这样就能很好地掌握这个技术;或者请科研人员推荐优秀的毕业生来需求方工作,加强技术力量,这也是一种技术革新、技术迭代的方式;或者和科研人员约定未来相关科技成果持续合作转化。总之,解决好技术迭代也是非常关键的一个环节。

以上介绍了科技成果转化的模式。笔者通过从事科技成果转化实践,学习国内外同行经验,结合自身探索实践总结了一些实操方法论——科技创业的方法论,接下来就与大家分享这些内容。

三、科技创业的方法论

方法论首先要解决思维模式。科研的目的是多元的,最后的产出也是多元的:有的产出是为了科学发现,虽然在短期没法用来解决当前的难题或者需求,但长期能促进科技发展;有的产出是为了以后帮助企业创新升级,或创造新兴产业;还有的产出是为了科技创业,在应用市场前景特别好时,科研人员也想要自己创业。

每个人都在社会分工中找到适合自己的位置,大家互相配合,事业就能做得很好。纯做科研是非常好的选择,令人佩服,如果科研人员未来想转化自己的科研成果,那么技术入股和技术转让也是非常好的选择。但是,一旦科研人员想创业,就要按照创业的方式来思考和做事,要从科研导向转换为市场导向。科研导向是追求技术的创新与领先,是要在顶级的期刊上发表文章;而市场导向是要创造客户价值。

有时候客户不一定需要最先进的技术，只要解决了客户的需求、为客户创造价值就行，因为客户还关心成本、时效等问题。还要从项目模式进阶到公司模式不仅仅是为了更好地适应外部商业规则，也是为了理顺利益关系，激活内部生产力。项目是有周期性的，企业追求的是可持续盈利，所以企业需要建立一整套制度和机制，保证企业能够处理好和高校院所、股东的关系；定位产品，拉动销售；激励人才，保留人才；建设企业文化，推动融资来支撑可持续发展。

一个科研项目和另外一个科研项目可以是不相关的，只要有科研经费、未来有科学发现、有原创技术就可以，但是企业做科研往往是迭代和优化自己的产品，在竞争中确立优势，帮企业做大做强。如果一个客户需要开发一个新产品，另外一个客户也要开发一个新产品，最后导致产品的标准化程度低，那么这样的公司很难做大，公司要打磨出一个产品适应不同的客户需求。

这些与思维相关的问题，实际上就暴露了科技创业的核心问题，即谁来主导创业？创业是要全力以赴去做，科研人员往往事情很多，假如要做科技创业，建议由科研人员的门生故吏来做主导，来做 CEO、大股东。此处需要做好角色转换：科研人员扮演资源整合者和品牌技术指导者等角色，其门生故吏变成了第一线的创业者、主导者和责任者。随着竞争越来越激烈，还有一种方式是请社会上有行业经验的人才来主导创业，他们懂企业管理、懂行业、懂市场。科研人员这时可以通过技术入股，也可以通过技术许可、技术转让，从而间接创业，或者叫参与创业。

思路捋顺后，接下来就要考虑怎样发展科技创业业务？笔者建议可以按照以下六步来发展业务。

第一步就是持续研发与保持技术领先。精准判断发展趋势和选择技术路线、持续研发才能保持技术领先。我们来看看英特尔是怎么通过持续研发来保持技术领先以确保市场竞争力的。英特尔研发策略的一个核心就是抓住算力，凭借算力的提升在行业里建立起竞争优势，获得相对的垄断地位，获取高额的利润。英特尔2018—2020年的净利润达到200多亿美元，盈利能力非常强。大家可以去研究一下我国的股市，有几家上市公司能达到100亿美元的净利润？非常遗憾的是，剔除银行股等特殊政策的企业，我国2020年A股上市公司净利润没有一家能达到100亿美元。这个就是持续研发和保持技术领先的威力。

同样是芯片厂商，这几年英伟达更受市场欢迎，因为人工智能的发展需要相应算力的支撑，所以英伟达异军突起。英伟达的净利润比英特尔少，但是英伟达的市值比英特尔高，这是发展趋势的力量。企业发展方向对了，资本市场就能够给出更高的溢价，因为未来市场属于这些前沿的企业。当然了，鹿死谁手还要看未来的竞争，高溢价对我们的启发就是持续研发还要找对技术路线和方向。

第二步，有了技术以后，接下来的问题是技术可以用来做什么？这就是技术的切入点和产品定位的问题。切入点可以先从技术服务开始，不要急于做自己的产品，为什么？因为市场需求很难预判，新产品可能不符合市场需求，造成产品失败导致公司赔钱，而且科技创业因投入较大甚至可能会导致企业就此一蹶不振。如果提供技术服务，客户就会对技术服务提出明确的需求，而且客户会为技术服务付费。由于产品是客户的，科技创业者只需提供服务即可，所以不用担心产品没有销路而造成赔钱。笔者经常分享高通的案例，高通就是从给军方做保密网络开始发家的。先做技术服务有什么好处呢？技术服务属于可验证服务，我们在实验室里觉得某技术特别好，但在复杂的应用场景里某技术还会有这样好的效果吗？提供技术服务相当于是有人愿意出钱让企业去验证技术。技术服务压力虽然相对较小，但依然可以验证团队能否经受得起创业的考验，并可以起到累积市场经验、行业资源和团队资源的作用。团队、技术、市场、产业链都被打磨了，高通有了造血功能才开始生产自己的产品。高通生产的是什么产品呢？高通手机，这个产品最后失败了。产品经常是先经过设计，再投入市场测试，最后规划出来的。产品的成功通常需要在市场上不断迭代、试错。但是，科技创业迭代的成本相当高，不像做 App，程序员和美工花几个月就做完了，再经过一个月甚至几周快速迭代，App 就能正式上线了；而科技创业往往需要生产的设备、需要多元的人才、需要配套的产品线，科技创业成本是非常高的。高通最后的市场定位是做芯片和技术授权，最终成就了一家千亿美元级别的高科技公司。很多科技创业企业都会经历这样的过程：先提供技术服务探索市场，其次找好企业在产业链中的位置，明确企业的市场定位和产品定位，最后大力发展。

第三步，拓展商务与优化商业模式。科技创业者需要对产品加强销售宣传。企业既要重视营销能力，还要重视和产业链的合作、融合，甚至要在产品没有生产出来之前就开始销售，通过这种方式来验证产品是否有市场、让产品定位满足客户需求。在特殊领域，企业在研发过程中就要把产业链中的核心力量吸引过来进行战略合作。同时，随着市场规模的扩大，完成商业模式的优化。

以吉列为例，其产品组合中刀架是低频的产品，刀架利润低、收益慢；刀片是高频的产品，利润非常高，便宜的刀架加上刀片组合可以提升客户忠实度，这就是非常好的商业模式。再比如，医疗器械行业的收入来源是医疗器械还是后续服务也是值得思考的问题。假如医疗器械特别贵，而该行业的主要收入来自医疗器械，那么会导致客户难以接受，增加销售的难度；若医疗器械行业的主要收入来自后续服务，则会让客户易于接受。笔者认为好的商业模式所具备的特征是用户便于接受、用户满意度高、销售比较容易、利润可观。通过商业模式优化让参与方多赢，公司才会走得远、走得顺。

第四步，如何以低成本存活是科技创业者遇到的基本问题。在高校院所做教学科研可以申请科研经费，单位会按期发工资。但是做科技创业就不一样了，假如企业支出多于收入，时间长了现金流就断了，现金流一旦断裂，人心就散了，人才就流失了。所以，科技创业者要做好开源节流，既要积极想办法增加收入，又要精准预算来节约资金。现实中，各级政府都很支持科技创新、科技成果转化、科技创业、技术研发。现在银行也加大了对科技型小微企业的支持，为小微企业申请银行贷款、股权融资。若邀请优秀人才加盟代价太高了，则可以先请优秀人才做顾问，碰到难题时请他帮忙解决，等科技创业企业有一定规模时再邀请他加盟。为什么科技创业企业要争取多方支持、延长寿命呢？因为技术什么时候成熟、产品什么时候打磨好、市场的启动以及市场空间的扩大需要多长时间累积的不确定性非常大。1956年人工智能兴起，而2014年人工智能产业才启动。神州细胞成立于2002年，而2020年才在科创板上市。

总之，科技创业往往需要很长时间，对科技创业企业而言，能坚持下来很重要。

第五步，等待风口伺机做大。当然坚持不只是解决当下的问题，坚持的同时要牢牢把握机会。在坚持的过程中，要时刻关注企业的现状：技术是不是越来越强了，产品是不是越来越能满足客户需求了，行业口碑是不是越来越好了，团队是不是更加强大了，供应链是不是越来越完善了，资金实力和资源能力是不是越来越雄厚了……有了这些基础，当机会来的时候企业就能抓得住。笔者喜欢举海康威视的案例。海康威视的市场开始起量是在"9·11"事件以后。谁能想得到视频监控市场机会突然爆发了？这根本没法预测，企业只能提前做好准备。那么多的企业在做视频监控，为什么海康威视能脱颖而出，这是因为海康威视企业能在坚持中把核心竞争力建立起来，在风口处因势利导，伺机而动。

第六步，在业务发展的过程中，需要管理来保驾护航。下面介绍科技创业的管理路径。

管理的根基是要建立一个科学的治理结构。科技创业公司科学的治理结构需要有两点合理的设置，一点是合伙人与股权设置。现在竞争越来越激烈，创业越来越难，单打独斗不易成功，最好是合伙创业。创业需要找合伙人，找什么样的合伙人呢？合伙人之间要价值观以及追求一致，更要资源和经验优势互补，有时也需要性格互补。比如，公司需要有技术合伙人和市场合伙人，技术和市场是公司很重要的两个支柱。找合伙人时要考虑股权设置的问题。初创企业在竞争中高效决策是非常必要的。治理结构的设置中还要处理好CEO和其他合伙人之间的关系。CEO做事要公平、领导力要强，要具有强大的凝聚力，不让优秀人才流失。市场合伙人以及技术合伙人需要与 CEO 一同参与决策而不是由 CEO 一人决策。合伙人的专业能力要强。需要强调的是，职业经理人和初创企业的合伙人在层面上存在本质差别。比如，初创企业的技术合伙人可能最擅长安卓开发，公司有安卓的开发任务时，他能圆满完成，这只是一个优秀的职业经理人；而初创公司的要求不仅是这样的，初创企业的技术合伙人即使其擅长的是安卓开发，公司要推出 iOS 的版本时也能把它搞定，那他就是一个优秀的合伙人。合伙人需要有超强的创新能力，能够承受打磨，积极应变，有专业能力、有责任、有担当。创业是一个非常漫长的过程，假如模式创新周期是 10 年，那么技术创新要想实现可能需要 15 年，甚至更长的时间。

另一点是知识产权处置。科技创业中的一个重点是知识产权处置，像科技成果转化的创业通常都有来自高校院所的知识产权。理论上说，这些知识产权的所有人是高校院所，科研团队是发明人。想用科技成果创业时就要和高校院所把产权关系处理好。正所谓名正言顺，通过明确创新关系和产权关系，维护高校院所的权益，就会事半功倍，增强品牌的影响力和整合资源的能力。

治理结构就像房子的地基一样，地基打扎实了才能盖很高很大的房子，以上治理结构处理好了就给初创企业发展打下了坚实的基础。

培养 CEO 关乎科技创业企业的成败，科研人员和他们的门生故吏往往是高校院所的博士生且没有企业管理或者创业的经验。把博士生培养成 CEO 是一个摸索碰壁、探索路径的过程。CEO 养成的关键是 CEO 有没有这样的学习能力，从一定意义上说，CEO 的学习能力决定了企业未来的发展高度。

管理上还有一个关键点是资金运营。管理需要资金流支持，如果现金流断了，公司就支撑不下去了，业务难以开展，人员可能流失，所以资金运营是管理的核心。科技创业者应积极拓展营销路径，引进资金，借助政府援助补贴科研项目费用，分摊成本和融资，与产业链建立互信和良好合作关系，想办法减慢付款节奏并加快回款节奏。笔者有一个说法，融资策略最好"经常在融资、经常不融资"。所谓的"经常在融资"，简单地说，是指平时要注意多结识投资人、多和投资人交流，把握融资机会，让投资人了解公司基本情况、知晓项目进展，目的不是马上融资，而是为了将来融资。所谓的"经常不融资"是指绝对不能等到缺钱时再融资。融资过程有时限，决策周期往往需要几个月。如果缺钱时再融资，现金流支撑不到那一天，公司就破产了，而且缺钱的时候往往对估值不利。此外，股权融资不是唯一途径，还包括银行贷款等，因此平时就需要和银行积累信用。2020年，在新冠疫情影响下市场环境恶化，但是2020年银行贷款成本低、效率高、门槛低，2020年反而是跟银行建立起合作关系的好时机。

科技创新团队要建立优秀的科创文化，人才是关键的关键。怎样挑选人才、培养人才、留住人才、激励人才？企业需要制定人才标准，还要有好的方法来执行该标准。科创企业需要在人才竞争方面更加主动以提升核心竞争力。值得学习的是《华为基本法》，它铸就了前几年华为人的奋斗和辉煌，铸就了这几年困境中华为人的不屈和拼搏。塑造企业文化，凝聚战斗力，是希望做大做强的科创企业在管理上需要重点强化的系统工程。

创业挫折管理

▶ 南开大学现代管理研究所
　所长、博士
▶ **吕峰**

　　有关创业，相信大家已经学到了相当多的知识、理论、模型和方法。我们在管理实践中看到，无论创业者掌握了哪些知识和技能，创业仍然是一件不容易的事情；无论在课堂里学到了多么丰富、多么有经验的内容，相关内容都必须内化为创业者自身的感受、要成为支持自己未来发展的真实能力才好。先来看两个例子。

　　第一个例子是2020年我在合肥认识的一位创业者——田晓国，他有十几年的创业经历。2004年，田晓国在合肥开始了人生的第一次创业：在父母的支持下开了一家旅游地接社，因为竞争很激烈，他没有任何创业经验，旅游地接社第二年就倒闭了。2006年，田晓国来到温州。这一年他做过推销员、摆过地摊、当过工人，尽管有点辛苦，但还是积累了最基层的经验。2007年，在互联网如火如荼时，田晓国入职了一家互联网公司，在了解了互联网公司的基本运作模式之后，他说服了公司的几个小伙伴一起创业，用他的话来说就是"只有创业，我们才有机会赚更多的钱"。这个理念让那几个小伙伴一直死心塌地地跟随着他，到后来他们一块毅然辞职，组团去武汉创业。但不幸的是，这个梦想很快也破灭了。2008年，不甘失败的田晓国带着核心团队又到南京创业，还是失败。2009年，他们这些人到重庆创业，建团队、打市场，依然失败。2010年，田晓国的妻子怀孕了，他不得不偃旗息鼓返回合肥。

对很多创业者来说，压力不仅仅来自创业的历程，还来自在这个创业历程中他的家庭的变化。对于很多年轻的创业者而言，家庭的变化也让个人角色不断变化，例如有了妻子、有了孩子，这些事情对于创业者来说有着非常现实的影响。田晓国就是这样。他在老家待了两年之后，选择再次创业。一个人背着包告别家人到上海去寻找机会，之后又到了嘉兴继续创业，但是公司仍然没有盈利。田晓国身上的负担越来越重，内心压力也越来越大。但是没有办法，很多创业者都是这样愈挫愈勇。2014年，田晓国终于赚到了人生的第一桶金，有了成功的经验，也有了一点点的资金。2015年，田晓国理性地梳理了自己的目标和梦想，他决定再次回到合肥，租了一个40平方米的小办公室，把过去的创业团队都再次喊了回来，这一次他们稳扎稳打，一步一个脚印。在之后的五年时间，公司有了长远的发展，公司结构也由销售为主转变成产业链的各个单元都可以独立核算运作，渠道也更加广阔，相关业务条线也更加丰富，整个公司的经营终于走上了正轨。

第二个例子是日本的经营之神——松下幸之助。松下幸之助出生于1894年，1910年进入大阪电灯公司当内线见习生，这意味着他16岁时就已经开始工作了。1918年，松下幸之助创建松下电器制作所，开始正式创业，这时的松下幸之助才24岁。我和大学生朋友在交流创业时经常跟他们讲：你们大学毕业，可能已经有了自己所谓的商业模式，也可能有了一点点资金的支持，但非常遗憾的是，你们对现实的管理实践、对现实的管理场所所发生的一些事情是没有认知的。而松下幸之助在创业时虽然年纪很小但是已经有了八年的基层工作管理经验。大家千万不要小看这八年的基层工作管理经验，它让松下幸之助对整个管理运作和整个生产作业流程有了非常扎实的认识；它让松下幸之助在开始创业时，就已经不同于那些只凭着一些想法就去创业的年轻人。

这里和大家分享两句松下幸之助的经典语录，这些话来自最基层的管理心得，是在商学院学不到的实际经验。第一句话是"经营者必须兼任端菜的工作"，这句话很现实。不能总想着经营者在夸夸其谈，讨论战略管理、商业模式，事实上经营者有时候在做最一线的销售工作、最一线的操作工作。第二句话是"工作本身如果是对的，是对社会有益的，那么金钱会自然而来"，这句话非常深刻，告诉我们创业动机、创业方向或者创业理念应该是怎样的。在新青年创课学堂上，张维迎老师说过这样的话：挣钱不是目的，挣钱是一种结果。只要我们的工作、产品能够为这个社会带来价值，那么这个社会一定就会给予我们慷慨的回馈。

一、创业的失败概率：97%

通过上述两个例子，我们知道创业不是一件容易的事情，需要一步一个脚印地向前推进，因为只有这样，创业才有可能获得成功。有人总结创业的失败概率是97%，这个数字常常会让创业者感到很沮丧，97%那就意味着成功的概率很小，100个创业者里面大概有 97 个创业者是失败的，可能只有 3 个创业者能够获得成功。或许正是因为创业失败的概率如此高，所以在有关创业的教育和训练中，导师会给创业者提供更多的建议，告诉他们前方有哪些风险，但即使是这样，创业者仍然会面对各种各样的问题。CB Insights（一家风险投资数据公司）总结初创企业失败的主要原因有以下几个：没有市场需求、团队不靠谱、产品太差、关键业绩恶化、缺乏激情、创业者心理枯竭、企业转型失败等，这些可能都会造成创业问题。

大家不妨想想看，这些问题是不是在自己的创业路上似曾相识。如我们前面所讲的那样，尽管很多研究者以及所谓创业者给大家列出了很多在创业过程中遇过的各种风险，尽管也有很多的研究发现了初创企业存在的各种问题，尽管大家也非常清楚创业并不是一件容易的事情，但对现实的创业活动来讲，创业遇到挫折仍是必然的结果。所以不要想着创业就是顺风顺水，这样的情况在创业活动中肯定是不存在的。

二、陪伴创业者更多的是挫折而不是香槟

尽管在前方可能也有香槟，也有庆祝的晚会，但是陪伴创业者更多的是在前进道路上的各种挫折。这些挫折有些是因为创业者自身导致的，有些是因为外部环境导致的，但不管怎么样，对创业者来说，如果走在了创业的路上，挫折就是创业前进路上的"伴侣"。既然挫折是一定会发生的，既然创业中各种各样的失败是必然要出现的，对于创业者来说，做好充分的思想准备就是必要的事情。这

里我们把各种各样的思想准备，统称为对挫折的积极管理。

一些有关创业的书里会讲到如何面对挫折，无论从心理上，还是从现实的管理活动中做准备。以我个人对创业的观察和理解来讲，对挫折的积极管理根本上来自创业者思路的转变。什么叫思路的转变？让我们回到前面的统计数字：97%的失败率。如果我们换一个角度，那么在97%的失败率对面有3%的成功率，这意味着100个创业者创业大概会有3个创业者获得成功。如果我们给失败的97个创业者第二次创业机会的话，那么是否意味着创业者中还有人会获得成功？如果我们把这个创业机会给到N次，那么是否意味着这100个创业者都有可能会获得成功？这就是思路的转变。我们不能指望通过一次创业或者一次创业机会，就奠定终身的成功。遇到挫折、遇到困难、遇到失败，没有关系，站起来，相信我们能够继续走下去。所以，站起来继续走下去的能力就成为创业成功的关键。创业者不能指望一次成功，要具有持续创业的能力。中国人常讲卷土重来、东山再起，都是这个意思。例如，刘邦在跟项羽作战时一直失败，直到垓下一战打败项羽，才获得了成功。

回到现实的管理实践中。2020年泡泡玛特在港交所成功上市，泡泡玛特创始者王宁的故事非常值得大家思考。在大学期间，王宁和他的小伙伴们就开始了创业活动，从一开始的小打小闹到后来不断尝试新的商业模式，这中间经历了各种各样的波折。十几年下来，他们终于明确了自己创业的方向和产品定位以及能够为社会传递的价值。大量类似泡泡玛特的商业案例告诉我们，当创业者遇到困难、遇到挫折、遇到失败时，要想未来能够东山再起，就要做好以下四件事。

（一）重建信心

如果一个创业者对未来没有了信心，对自己的事业没有了笃定的信念，他就不可能再次上路。在重建信心方面，有三个关键点。

第一点，控制好自己的情绪。当企业经营业绩有所下滑、遇到困难时，最容易出现的就是创业者或创业团体情绪的失控。这种情绪的失控刚开始可能只是对下属，后来甚至会迁怒于组织外部的人员。情绪失控不仅会让创业者丢掉生意，更会失去自我。

《论语》中有一言：一朝之忿，忘其身，以及其亲，非惑与？孔夫子认为，所谓成熟，就是能掌控好自己的情绪。在财务压力、生产压力和客户压力来临时，人容易筋疲力尽、情绪失控，但为了能够东山再起，领导者必须控制好自己的情绪。

第二点，剖析失败的原因。创业者必须开诚布公地检讨和承认自己的过失，总要有人对过去的失败负责。当然，最失败的创业者就是选择推卸责任：把责任推卸给外部环境，推卸给竞争对手，推卸给管理层等。对失败采取的任何外部归因对于创业信心的恢复都是没有帮助的。尤其是把责任推卸给下属，是创业者无能的典型表现。这虽然能够让创业者自己舒服一点，但容易给人留下怯懦和不能担当的印象。只有真诚地剖析失败的原因才能在混乱的变局下保留一点信任的火种。开诚布公地检讨和承认自己的过失并不容易，但这一定是创业者需要去做的事情。

第三点，积极的表现。创业团队选择继续跟随你的一个重要原因是他们相信你能够东山再起。虽然没有躲过这次滔天巨浪，但是落水的创业团队还是愿意和你一起，这是因为他们相信你。在经营下滑或者失败的局面下,创业者重建信心是不容易的。这时要特别注意,创业者所呈现出来的好状态是他有信心最好的表达。要让创业团队知道,这个创业者并没有被失败击倒,甚至恰恰相反,失败让他成长,让他心智更加成熟,让他能够面对经营环境更加地游刃有余。

信心可以通过身体状态、面部表情以及言谈举止表达出来。创业者健康的身体状态、良好的精神面貌、清晰的语言表达,当然还包括历练之后更加沉稳的语调和表达方式,都可以给追随的创业团队带去愈挫愈勇的感觉。此外,对生活的热爱、健康的生活习惯以及积极的兴趣爱好等也可以表现创业者依然昂首的精神风貌。

(二)重塑情感

在现在的市场经济状态下,讲情感似乎不太理性,人们的情感变得越来越淡漠,但或许正是因为这样,情感才会显得更加宝贵。相信很多创业者都非常熟悉雷军的故事。从金山到小米,雷军的创业团队或者在整个的互联网领域里面,大家都习惯称呼雷军为大哥,这样称呼明显是带有感情色彩的。常言道"天时、地利、人和",事实上对于很多的创业者来讲不是没有天时,也不是没有地利,恰恰缺少的就是人和。维系人和人之间关系的纽带,不仅包括一张契约、股权安排、收益分配等,还包括人际的情感。而对于创业者来说,基于价值观认同的美好情感是创业团队最宝贵的资产。

我们注意到,在现实的管理实践中,早期的创业团队的心理距离很近,讨论日常活动也都聚在一起,有着频繁的、亲密的交流和互动。但是随着组织规模的扩大和人员的增加,曾经一起创业的团队不再像过去那样有着密切的互动，人际的隔阂在不断扩大。原因很简单，不断增加的人员和不断增加的事情都在分散和占据高管们的感情。越来越多的"忽略"也会使曾经创业团队的感情化为乌有。另外，开始赚钱的公司高管们的内在动机也在逐渐让位于金钱的驱动。相较于股权、奖金等，"情感"已经成了一个天真的笑话。东山再起的组织，自然要回到情感这个起点。我们甚至可以这样判断，对于一个失去经济资本的创业者来说，东山再起的本钱就是情感。

中国儒家思想中所强调的"仁爱"非常明确地表达了人际情感的对等。当年齐宣王请教先贤孟子，如何能够得到大臣们的认同。孟子的回答是"君之视臣如手足，则臣视君如腹心；君之视臣如犬马，则臣视君如国人；君之视臣如土芥，则臣视君如寇雠"。在这段话里，孟子不仅描绘了君臣关系的三个对等状态，而且也说明了在领导者与下属的关系建构方面，领导者必须处于主动状态。经历失败的创业者需要将已经偏离的情感先对等起来，重新认识那些不离不弃的创业团队。

情感是需要通过一定的形式来表达和强化的。人们表达情感的方式与自身的状态是有关系的。刚开始创业团队的成员们可以在地摊上一边吃烧烤一边高谈阔论，有了成就的他们已经开始觉得地摊不够卫生了。当然，曾经的形式不可能机械地持续下去，但这并不意味着领导者应该忽略形式而想当然。尽管形式要进行调整，但是形式不能没有，这就需要创业团队创造新的形式来延续、强化曾经的情感，例如家庭聚会、团队组建纪念日等，这些基于情感的纪念形式是不能被忽略的。尤其是一些只有创业核心团队成员能够了解的特定形式，对于情感的加强会因为专属感而更有效。

情感是需要经营的，其实凡是重要的事情，都需要很好地经营。创业团队通过一些活动来加强情感建设是非常必要的。情感建设可以通过精心策划的活动来具体实现。尽管活动的频次不如以前，但有没有活动却是不一样的。如果说过去创业团队经常可以小聚聊天，但随着企业的发展和工作的繁杂，创业团队可能就会忽略人际的情感。创业团队之间感性的情感交流越来越少，取而代之的是创业团队之间理性的工作争吵越来越多，长期下来不仅宝贵的情感荡然无存，甚至创业团队之间反目成仇。意识到情感的宝贵，就需要认真地经营，这样才能使情感随着岁月更加浓烈。

能够东山再起的创业者，他们在凝结核心的人员时，主要的方式不是金钱。事实上，那时也没有什么金钱，也不是什么其他的资源，而恰恰就是人们看不起的情感，这种不离不弃、荣辱与共的情感是创业者能够东山再起的基础。

（三）重申情怀

亨利·明茨伯格（Henry Mintzberg）在讨论战略问题时很明确地指出，战略不仅包括精心谋划的商业安排，还包括对战略执行过程随机出现的新情况的应对。他特别提到，有一种创业形式叫"情怀战略"，这种战略不是基于什么商业目标或意图，而是创业团队基于情怀的认同所形成的共同方案。"情怀战略"还可以解释为人们对组织的归属感和忠诚是因为领导者的魅力。领导者的魅力固然非常重要，尤其是对创业者来说，但是，真正对人们心理和行为产生根本影响的还是领导者的情怀。或者可以说领导者最大的魅力就是他的情怀，这种情怀包含着对组织未来的描绘以及对社会的责任和担当，让领导者的魅力不至于那么轻易褪色。

褚时健老先生开始从事农业的时候已经70多岁了。当时有很多人请他去做这个去做那个，但是褚老把自己对于家乡的热爱、把自己对于社会未来的贡献凝集到一片土地上。褚老对褚橙品牌的打造，让大家能够感觉到他对社会的使命感。当然，农业不是一个短期的事业，它需要持续的投入。我们可以看到老先生是带着美好的情怀再次创业的。

如果要用一个词来描述情怀的特点，那就是高尚。人的内心里总是对高尚有着崇高的追求，或许后天的沧桑对高尚情怀有所掩盖，或许后天的教训让人们不再相信理想，但是，没有人会彻底失去人之所以为人的本质。腾讯公司明确提出"科技向善"，应该说的是让科技更具人文意义的表达。

情怀不是附庸风雅，也不是商业需要，而是创业者基于自身最深刻的内省。事实上，只有当一个人有了明确的情怀，他才可能在未来的创业道路上，言行一致地表达出对情怀的追求；也只有这样，他的追求才不会被轻易改变。看看刘备，从徐州、许昌、荆州、新野、成都一路创业而来，虽然经营项目和经营范围在不断变化，但唯一不变的仍然是"匡扶汉室"的情怀。如果说情怀是创业者内心的梦想和终极目标，那么一个个具体的经营计划和阶段性目标只是展示情怀的具体手段。

现实的商业竞争让一切都开始短期化和逐利化，因而人们常常嘲笑情怀，也会觉得那是一种不靠谱的"忽悠"。因此，在实际的经营活动中，创业者也需要设计一些活动来体现情怀。有些活动是通过企业的产品或服务体现的，例如产品设计、服务流程等；有些活动可以覆盖于整个公司层面，例如大型的讨论会、庆典等；有些活动则能覆盖于管理层，例如战略研讨会、战略活动复盘等；有些活动则能覆盖于核心层，例如故地重游等。总之，情怀不能仅仅停留于领导者口头的表达，它更应该有实际的活动来体现和支撑。

商业社会可以抛弃情怀吗？虽然有时候商业社会的现实让情怀不得不让位于利益，但换个角度看，情怀也让冰冷的商业社会有了人性的光辉，成就了商业运作的华彩。如果说人生是以高尚为目的的，那么人生没有理由只交给那基于利益的算计。利益的算计当然可以带来人群的聚集，但是，当没有利益可算计时，人群也就各自散去。创业者必须用自己的情怀激发出人们对未来高尚的向往，这就有了东山再起时不竭的动力。

（四）重装上路

创业者总要再开始，再开始也不要歇太久，歇太久恐怕就会失去了创业的激情，也会失去了创业的习惯，甚至失去了创业的信心，这些就会使创业变得很遥远。另外，在重装上路时，要特别地了解下一个赛道是怎样的。有时候要忘记过去的辉煌和过去的失败，重新开始，走上新的路。谁又能知道未来有没有更加美好的前景呢？

三一集团的梁稳根在早年创业时，不是一上来就从事装备制造业，他卖过羊、卖过酒还做过玻璃纤维等。他从事了各种各样的项目，有些项目可能还赚钱了，当然有些项目也给他带来了一些挫折。但是经过了一段时间的沉淀之后，他毅然转向装备制造业，才有了今天的三一集团。重装上路时还是可能会被市场经济的大潮打得体无完肤，然后要抖擞精神，再次上路。

有关创业间隔并没有什么具体的研究，现实中差异也很大。但总的来说，创业间隔时间不宜太长，如果非要给创业间隔的时间一个限定，那么这个时间最好不要超过一年。或许过去可以说"十年磨一剑"，但是，今天的商业社会以及技术发展都太快了，人们的注意力也越来越分散，各行各业的游戏规则也是日新月异，太长的创业间隔会让创业者拥有的技术和经验大幅度贬值；另外，太长的创业间隔会造成人们情绪的变化，例如创业激情的降低，或者创业团队迫于各种情形已经开始有了新的选择，创业者本人在市场中的影响力降低等。

毫无疑问，收拾行装再出发是创业者的常态。我们可以这样比喻，结束了一段时间的戈壁之旅，下一段行程是雪山，旅行者必须为新的旅途重新准备装备。这的确需要时间间隔，旅行者需要整理思路，准备装备，以便更有效地展开下一段旅程。

当然，让一个刚刚结束伤痛的人立刻就开始新的旅程，也是不容易的。失败的创业者总要经历一段伤痛期，这段时间不仅要用来从心理上和生理上恢复，更要对未来进行判断，并开始积极地进行准备工作。这时的准备工作可能就是你一个人的事，或者顶多与自己极为亲密的朋友交流。如果在此期间仍有一些不离不弃的朋友，那么他们的建议也可以帮助确定新的创业方向。

至于选择什么新的创业方向重新开始，这当然是最重要的问题。虽然现在流行跨界，但是一个曾经的失败者如果以全新的面貌出现在世人面前，反而不一定会有好的效果。创业者的更新应是内在的，是在过去失败基础上再次精进，而不是另起炉灶博眼球。每个行业的发展都需要积累，总结过去的失败就是最好的积累方法。与过去彻底告别虽然很潇洒，但是轻易地放弃却是非常可惜的。

享受再次启程前的时间吧。必要的冷静、认真的反思和身心的调整就是重装的过程，不用焦虑，当然也不能彻底放松。准备东山再起的创业者可以把这段时间看成是一种有节奏的调整期，就像那些徒步者和马拉松者都知道，如果彻底停下来，恐怕就很难再有之前的状态了。

创业失败是个大概率事件，我不可能告诉大家，你听完我的经验分享，创业就一定能成功。如果创业会失败，怎样才能成功呢？无论是现实还是历史都告诉我们，只要能够东山再起，创业者就会得到更大创业成功的可能性。

创业者面对挫折时能够反思自己，才算是彻底的复盘。无论是对自己的信心、对外部的情感、对企业的塑造，还是对自己能力的判断，在这样重新思考之后，都可以得到升华，以便东山再起时更好地应用。

最后用曾国藩写的一首小诗里面的两句话和大家共勉：男儿未盖棺，进取谁能料。遇到挫折是非常正常的事情，换一个角度，挫折可能是上天给我们的一种赠与。经历过这些挫折之后，只要我们还能抖擞精神，不断进取，未来就一定是美好的。所以一次创业可能不会成功，但是只要有不断创业的能力，早晚就会获得成功。就像人们说的，存在一斧子砍不倒的树，但是不存在用斧子砍一万次都不倒的树。所以，积极面对挫折、拥抱挫折，创业终将成功。

创业者的自我修养

▸ 北京奥琦玮信息科技有限公司
　董事长兼总经理
▸ **孔令博**

本文分享的主题是"创业者的自我修养"。之所以来分享这个话题，并不是因为我是一个成功的创业者，而是我在创业的过程中曾经遭遇过很多次的失败，通过不断地修正才让公司回到发展的轨道上来。因此，我对创业的过程有很多自己的理解和思考。

我希望通过下面的分享，让各位创业者认识到在自己发展的过程中如何提升自己的能力、如何迎接挑战取得成功。

一、创业的背景

既然要谈创业，可能先要考虑创业是否适应当代的趋势和环境。大家都很清楚，近几年全球经历了非常严重的新冠疫情，疫情对全球范围内的经济带来重大影响，同时对我国经济造成了巨大冲击。在这种情况下，我国提出了很多新的发展经济的策略和方法，尤其是在 2020 年 8 月 24 日，习近平总书记在经济社会领域专家座谈会上又一次强调，我们要推动形成以国内大循环为主体、国内国际双循环相互促进的新发展格局。虽然这句话包含了很多宏观词汇，但是如果创业者能够结合中国在过去 40 多年积累下来的改革经验，以及过去 10 年来中国经济支柱所发生的变化，那么在未来 5—10 年创业者有可能捕捉到发展创业的机遇。

二、创业的战略机遇

创业的战略机遇，主要是以国内大循环为主体的机遇。如果简要地从类别的角度对国内大循环做一个概括的话，其实就是产业内循环、消费内循环以及科技内循环。

大家会看到国家在反复地强调我们要解决卡脖子的问题，也有越来越多的技术型创业者开始进军到芯片、生物制药等技术型创业领域。同样地，我们也看到国家发出号召，要打通产业链上所有的瓶颈，让物料、资金、信息可以流转得更加顺畅，这个就属于产业内循环。

创业者不仅要关注产业内循环，还要关注消费内循环。大家最近会观察到，在春节期间，包括在五一期间，我国的旅游业以及餐饮消费业都在蓬勃发展，甚至达到一个报复性的发展态势。不论是技术型创业还是消费型创业，也许创业者都可以从中找到一个良好的创业切入点。

当前的创业环境无比广阔，也无比灿烂，建议更多的创业者投身其中。如果说创业者还在创业的方向上徘徊，那么我认为创业者可以结合自身条件以及团队特点去探索创业点，那将会提高选择的效率。

我们恰逢盛世，尤其是在创业这个路径上，在未来的5—10年，我们一定会拥有很多可以做大做强的机会，灵活拓展科技内循环和产业内循环的机会，这还有可能帮助我们国家去解决很多卡脖子的问题。

三、创业者和职业者的特点

回到我们的主题"创业者的自我修养"，我们在创业过程中首先要思考什么？如果我们对人在社会上的就业类别进行划分的话，其实就只有两个类别，一类是创业者，另一类是职业者。

职业者就是你在一个相对成熟的体系（一家公司或是一个组织）里面去扮演一个角色，这个角色可能是高管或者中层管理者，但是它整体可以被归结为是职业者；创业者就是要从0到1去创造一个全新的事物，如产品或者服务。其实创业并不是说成立一家公司那么简单，创业包括诸多不确定因素以及特殊的技术要求。作为一个创业者一定是识别或发现了一些问题，或者说掌握了一个独特的技术，可以创造一个更加美好的产品。

利用创业者和职业者两个类别可以把社会上人们所扮演的不同角色进行划分。当然，每个人的角色都没有那么绝对，也会发生互换，比如有的人一开始是职业者，后来选择去创业；反之亦然，有的人先去创业，失败后再当职业者。

这两者具有不同的特点。经常有人说我之所以想创业，是因为创业是我的梦想，很多成功的创业者受人尊重、拥有财富，并且能够在社会中拥有自己的江湖地位。这其实是一个理想状态。那么，创业者相对于职业者背后的风险是什么？我们可以通过成语来做对比。

首先来看职业者，因为毕竟我们社会中大多数人都是职业者。职业者想要在职业的维度上不断地发展就要学会一个成语叫"忍辱负重"。"辱"并非人格层面上的，而是说要学会尊重一家公司、一个组织已经存在的制度和文化，要接受公司或组织规则的约束；但是职业者还要"负重"，背负责任、履行使命，为这家公司、为这个组织去创造价值，所以说"忍辱负重"是一个职业者的基本特征。虽然听上去很憋屈，但职业者旱涝保收，并不需要考虑太多风险，只要把工作做好，收入就能够维持而且不会低于基本收入。如果做得不好，可能就会受到绩效考核的惩罚，以及当组织或公司发生变动不得不裁员时，会面临风险，但从整体来讲，职业者不会面临失业以及完全没有收入的风险。所以，当职业者相当于我们去爬名山，这个山已经形成了一条固定的爬山路径，沿着这个路径去走就可以了。如果说职业者想要跨过那个栏杆去自由活动的话，就一定会有保安把他拉回栏杆并让他遵守爬山秩序，不能越界。好处是，可以通过地图清晰地预期下一个风景点在哪里，哪里可以休息，哪里有小卖铺，在爬的过程中可以灵活休息，没有太多的风险。所以，职业者有"忍辱负重"的特征。

再来看创业者。如今，国家营造了一个非常良性的、丰富的创新创业环境，但是也不等于创业者可以自由取得财富或者地位。从现实中来看，创业除了给创业者一定自由，也存在很多的风险，也存在不足的地方。那么，我们也用一个成语来形容创业者，即"酣畅淋漓"。创业者表面酣畅淋漓但实际危机四伏，听起来很爽快，但其中所隐藏的风险是极大的。从两个角度进行分析，第一个就是创业者的确可以随心所欲地按照自己的意志和想法去做想做的事情，只要有能力、有资金，或者说有能力寻找到资金、寻找到团队，那就可以去尝试。第二个是创业的风险是不确定的，因为创业者不知道手头的这些资金能否支持他去完成产品制造，也不知道所服务的客户是否真真正正地满意。

同样我们也举爬山的例子，刚才讲的当职业者是爬名山，如爬泰山、黄山之类的山，那么当创业者就是爬野山。野山没有现成的路，登山者可以任意跑，可以自由探索整个野山，可以凭借自己的兴趣和爱好选择想走的任何方向；但是在爬的过程中，因为没有其他游客，没有现成的路径，登山者很可能会迷路，很可能爬着爬着会发现带的水不够了，带的食物不够了，或者说因为没有道路而一脚踩空，最后可能导致摔一跤甚至丢掉性命。

创业跟爬野山一样面临着风险的不确定。当然了，对于创业本身而言，需要创业者内心足够强大。创业好比坐过山车，一样会有成功登顶的喜悦，也会有面对失败低谷中的沮丧。

那么，我们如何选择自己的职业类型？其实只要大家去想一想，如果你的朋友邀请你去爬山，那么你是想去爬野山还是想去爬名山呢？如果你的第一反应是爬野山，那么我觉得你可能在骨子里面就比较偏向于成为一个良好的创业者，但前提是这要基于你自己做出的判断而不是跟朋友讨论以后做出的判断，因为一旦跟朋友共同讨论后，答案就不一定是真正内心的想法了。

四、成功创业者的特征

前面对比了创业者跟职业者的一些特征，我们由此知道可能每个人对挑战以及对舒适区的感受都不一样。我们再来分析成功创业者的一般特征是什么。大家都很清楚，无论是西方还是中国都会对创新有定义，对创业者也有定义，那么抛开学术定义，我把成功创业者的特征总结为敏锐地识别问题、持续坚定地解决问题。

不论现在公司规模大小，如果一个创业者可以敏锐地识别问题、坚定地解决问题，就有可能成为一个成功的创业者。为什么用坚定这个词呢？因为问题不是总能一次性就解决了，需要一次又一次才有可能真正把问题解决好。就像发明家一样，一些著名的发明家，包括爱迪生、居里夫人都曾说，之所以成功发明了一个产品，是因为做了很多次尝试，而且更多的是失败的尝试，但是他们坚持解决问题，不断寻找合适的材料或者正确的方法来解决问题。

创业也同样如此，只要创业者能够把问题识别出来并且坚定地去解决该问题，就一定可以赢得非常美好的未来。

五、何为自我修养？

我们需要对自我修养进行一个具体的定义。自我修养是一个很抽象、很学术的词汇。我通过百度找到了一个定义，并且做了一些简单的修改：自我修养是一个人按照社会和自我追求的目标的要求，经过学习、磨炼、涵养和陶冶的功夫，为提高自己的素质和能力,在各方面进行自我教育和自我塑造的过程。自我修养是实现自我完善的必由之路,也是个人能力培养和自我道德完善的过程。

这句话略微偏理论和学术,但只要仔细推敲就会发现,我们每个人从出生到长大都在不断地通过学习和磨炼来提高自己的各种专业技能、体能,包括我们的行为习惯。其实自我修养就是自我塑造以及自我教育的过程,只不过自我教育源自外部输入,比如我们通过消化老师传授的知识来完成对自我的教育;自我塑造是我们从自己内心出发的自我改造的过程,比如希望能够提高自己跑步的能力、希望能够比别人更优秀等。同样地,任何一个创业者在早期的时候,都不可能知道自己在未来会不会创业成功,他应该具备哪些能力。我们会看到真正伟大的企业家在早期都经历过很多次的创业失败,他们都是从一次次创业失败中吸取经验和教训,不断地对自我进行教育,不断地对自我的能力进行塑造,最终逐步形成自我完善的创业轨迹,并且塑造了一家成功的公司。因此,我将自我修养的定义分享给各位创业者,希望我们都能够对自我修养这个词有更清晰的认识,不把它当作一个很宽泛、抽象的词汇,而是把它看作一步一步指导我们走向成功的具体策略和方法。

对于创业者来说,提高自我修养的过程,就是要基于创业目标,立足一次次创业失败,不断地总结教训,对自己进行教育和重塑,从而不断提高解决问题的综合能力,持续地去实现一个个目标的过程。

六、公司成长阶段对创业者的基本要求

在分析自我修养之前,我们先来看一下公司成长阶段对创业者

的基本要求。比如，在小学、初中、高中不同阶段，对学生的基本要求是不一样的，而且每个人受教育的程度也不一样，但不论过程如何，受教育程度如何，我们最终都需要接受社会的洗礼，去追求职业上的成功或者创业上的成功。公司发展的过程也像小学、初中、高中一样有很多个阶段。

针对公司成长的不同阶段，我们总结了几个对创业者的关键能力要求。公司创业早期是从0到1的阶段，创业者首先要明确创业方向再去付诸行动。这时公司能力不强，即使很多技术创业者的技术水平非常高，但并不代表这个技术水平可以转化成被市场所接受的产品，所以这个时候要努力实践。如果说创业者没有技术能力，只是一种服务模式，那么创业者也同样要努力实践。只要创业者能够坚定创业方向并且不断地努力实践，就一定可以完成从0到1这个阶段。到了1这个阶段以后，假如公司想要持续地成长，也就是从1到10这个阶段，这时就需要公司有优秀的产品和服务。优秀的产品和服务是个宽泛的概念，它背后隐藏的概念包括价格优势、有差异化的特色、综合性的品质领先等。公司要找到自己竞争的核心，并在产品和服务里凸显出来。为了持续迭代这个产品和服务，这时简单的尝试就不行了，创业者一定要逐步培养专业化能力，可能是个人能力逐渐转化为组织能力，也可能是团队共同形成的专业能力。

接下来，这家公司要继续发展，这时作为创业者，就必须要认真地梳理组织体系。组织体系能力不一定达到10以后的阶段才需要，从0到1这个阶段里，创业团队已经为这个组织体系的风格奠定了一个基础。在这个基础上，公司是持续向好的方向发展，还是可能会出现大的发展瓶颈，这对组织体系能力有很大的考验。因为到了10以后这个阶段，公司基本达到几百人、上千人的规模，如果没有良好的组织体系，优秀的人才或者优秀的团队是无法释放出更大的价值的。

公司再往后继续发展可能就到了100这个阶段，这时很多公司就要做产业链的整合。大家经常会听到纵向一体化和横向一体化这样的说法。纵向一体化往往指的是产业链层面上，能把上中下游资源都整合起来，所以，这时要有基于多方共赢的战略性眼光，把上下游的资源全部进行整合。

如果公司继续发展达到1000这个阶段，就一定要履行公司的社会使命。基于社会使命，基于政府对公司的期望，包括团队和客户的期望，持续地做创新；否则在下一轮的技术与经济周期中，公司很可能被淘汰。持续创新才能真真正正地让这家公司长久地存在。追求基业长青是每个创业者心中的梦想，但能否持续创新，能否履行社会使命，是一家公司在做强做大以后能否突破经济周期的两个非常重要的方面。

七、自我修养的出发点

自我修养的出发点是什么？创业者要考虑为什么创业，想要创造什么样的好产品，或者想要解决什么样的问题，而不只是为了追求外在的成功。

因为我们今天探讨的是创业者的自我修养，如果你不是创业者，而只是个职业者，你可能想的就是在一个成熟的组织里取得什么样的职务或者待遇，这跟创业者是不一样的。对创业者而言，一定要先思考想创造什么样的好产品，或者想要解决什么样的问题。在创业的初期不要太多关心使命问题，因为如果创业者对想要解决的问题都识别不清楚，那么使命基本上属于伪使命，虽然听起来令人兴奋，但是没有任何指导意义。

如今，很多时候大家都在强调，作为创业者一定要明确自己的使命。但我想提醒的就是，如果创业者不知道自己想要解决社会上的什么问题，创业者也不知道想要创造什么样的好产品，那么这时候谈使命完全是因果颠倒、本末倒置。

所以，希望每个创业者在思考如何提高自我修养时，还是要回过头来想一想自己想要创造什么样的好产品，或者想要解决什么样的问题，基于这个基础再去思考履行什么样的使命。

例如，对我们公司来讲，我们希望能够为连锁餐饮公司提供综合性的、全业务场景的 ERP（Enterprise Resource Plan，企业资源计划）产品。在云时代、数字化时代，使用 ERP 这个词不一定合适，可以理解为要做一个基于 SaaS（Software as a Service，软件即服务）的产品矩阵，把客户的业务场景做成一个闭环，我们称之为 RMP（Resource Management Platform，资源管理平台）。帮助客户从 30 家店发展到 300 家店，再到更多家店。而在发展过程中，我们要解决效率管理、创收质量管理和提高决策效率的问题。我们公司从 2011—2012 年就开始迭代这个产品，一路走来虽然也踩了很多坑，但是在迭代产品这个方向上我们公司没有动摇。在这个过程中，我们公司逐步明确了自己的使命，就是希望用数字化方案让客户变得更加强大。基于我们公司的例子，也希望广大创业者能够再次认真地思考，你的公司是要解决什么问题？你的公司为什么要存在？当回答清楚这些问题以后，可以完善自己的能力结构，可以把自己的产品做得更好。

八、自我修养的最大挑战

在推动公司发展、提升创始人自我修养的过程中，最大的挑战是什么？主要是如何面对失败。很多创业者在面对失败时往往会说：我的资金不够了，团队人员能力不行，客户对我太苛刻了，或者政策发生变化了。实际上，一旦开始这样的思考，就很难彻底走出这一次的失败了。

既然我们是一个创业者，而且我们是一个创业企业的牵头人，我们就一定要清楚当失败发生时，一定是因为我们自己在工作事务或规划上，出现了偏差或者做出了错误的决定。因为任何一个创业者在开始创业时都不会缺启动资金，如果缺启动资金就不具备创业条件。但问题是你的启动资金是转换成了更大的价值，转换成了公司发展的一个小里程碑，还是因错误决定把钱浪费了？如果是后者，那创业肯定就面临着失败，这时作为创业者就不应该认为是钱不够，而是应该去反思那个错误的决定，思考如何修正。当下一次资金充足的时候，把这家公司再往前发展一下，从而能够创造一个新的里程碑。这样的话，公司就有机会再去吸引新的资金。面对团队也是一样的，创业者不要责怪自己的团队能力不行，因为组建团队时也是你自己做的决定，如果团队能力不行，那就一定是你筛选和面试的能力不行。

当创业者把所有的这些导致失败的原因都归结为自己时，就会发现其实创业失败没有那么可怕，因为改变自己是可控的、是相对容易的，不要苛责于人。

创业失败时，创业者要心态平和，认真地分析自己的问题出现在哪里，如何调整自己的状态，从而避免重复犯错。所以总结下来，创业者面临的最大挑战以及创业企业成长过程的最大挑战就是如何面对失败。前面曾提到过爬野山，如果我们去爬野山时突然摔了一跤，难道我们就要去怪罪身边的伙伴没有提醒自己，或是去怪罪这个道路不好吗？这是无济于事的，只能自己爬起来，认真地看一下当前所面对的这个路段有什么样的问题，在迈出下一步的时候，提醒自己不要再摔跤了。

创业同样如此，只不过创业不像爬山一样是有形的，创业是无形的。我们要克服内心世界里一种无形的制约因素，例如无形的能力不足，无形的认知障碍等。我们只要把这些因素看清楚、拨开迷雾，就能不惧失败，有更大的勇气走向下一个发展阶段。

九、自我修养的最大希望

如果只有挑战，比如说没有办法改造自我或者没有办法去提高自我的能力，那就很难取得持续提升了。但是通过回顾历史，你会发现很多人都是基于发展目标，持续塑造思考能力，提升实践能力。我们前面曾经提到过自我塑造这个词，自我塑造就是通过不断地实践让自己变得更强，让自己的缺点变成优点，让自己的优点变得更加强大。所以说创业者在面对失败的时候一定要乐观，因为你是可以改造自己的，通过改造让自己具有一个更好的发展基础，拥抱一个成功的机遇，在未来打造一个更大的发展平台，所以，这就是创业者持续提升的最大希望。

十、自我修养的最大陷阱

结合我自己的创业经历，在提升自我能力、自我修养的过程中，还有一个大陷阱，即当手里的资金充足时盲目乐观，这是很容易出现的情况。过于乐观就可能会错误地预判下一步应该做的事情，以及低估了应该抵达的目标，由此很有可能把优势转变成劣势：公司产生巨额的亏损，团队产生不信任。所以我认为，对于一个创业者，当公司进入从10到100这个阶段后，如何面对成功是我们应该思考的一个话题。这也就跟爬野山一样，如果你爬到了一个高度以后感觉风景非常美丽，那么这时你是得意忘形，还是心满意足？这两种心态都会让你迷失目标而无法高效率登高。你若得意忘形，就很有可能在某个落脚点瞬间摔一跤；你若心满意足，就无法再有动力去冲刺新高。创业也同样如此，如果我们能够在面对成功时保持相对冷静的心态，并且制定更高的目标去盘活当前的资源，让它产生更大的价值，那么我们可以相对冷静地去面对未来要走的道路，而不会被短期的成功冲昏头脑。

任正非先生曾经讲过，在他的心中华为没有成功，只有成长，他一直思考的就是如何让华为继续发展。这就是面对成功相对客观、理性和冷静的一种心态。我也希望创业者能够在面对成功时保持冷静和理性。如果有这种心态的话，我们就能够迈过创业者的最大隐性陷阱，让公司可以持续地成长。

十一、驱动创业者持续创新的因素

如果说一家公司的优势是可以不断地获取利润并且可持续发展，那么其实也并不一定要主动地创新。但很可惜的是在现实中，消费者的消费能力在变化，消费习惯在变化，经营场所在变化，员工的能力以及就业心态在变化，供应关系在变化，资金来源也在变化，这样一来，无论公司规模大小如何，假如不坚持创新，都有可能被这个社会淘汰。如果创业者没有雄心，公司就有可能被新公司所替代。所以，创新精神和风险意识以及战略雄心对于创始人来讲是至关重要的。

对于创新精神和风险意识，有几个方面需要创业者特别关注。其一，关注社会事件和国家政策。大家经常看到一个社会事件会带动整个经济结构变化，比如像百年不遇的重大疫情，它就让整个社会的经营模式发生了非常大的变化。还有国家政策，我国现在提倡的是要构建国内大循环为主体、国内国际双循环相互促进的新发展格局。当重大政策出现的时候，一旦创业者不做相应的思考，公司要不就是被淘汰，要不就是无法把握机遇，没有办法真真正正地捕捉到最好和最有效的创业机会。

其二，密切关注新科学技术的出现。新科学技术的出现有两种类型：第一种类型就是你是这个新科学技术的拥有者，所面临的机会变多；第二种类型就是你敏锐地识别了某一个新科学技术的商业价值，如果你可以找到新科学技术的拥有者，那么跟他/她合作也一样会有很大的机会。我们可以看到在过去几百年以来，尤其是工业革命以来，并不只是科学技术的发明者可以成为一个成功的创业者，很多成功的创业者都是能够敏锐识别出新科学技术的商业价值的那个人，他们真正地把新科学技术变成了商业价值。当然，有很多人本身拥有新科学技术，也具有敏锐识别商业价值的能力。像比尔·盖茨，他既是一个技术高手，也是一个商业天才。因此，他能够创造巨大的成功，而且是持久的成功。苹果公司也是如此，乔布斯不仅具有较强的技术能力，具有非常强的发现和定义美好生活的能力，而且他身边还有一个拥有先进科学技术或者整合全新科学技术的团队。

总的来说，如果你是新科学技术拥有者，你一定要去识别新科学技术的商业价值。如果你不是新科学技术拥有者，你就可以通过运用最新的科学技术发现商业机会去创业。这里有三个层次需要思考：第一层，创业者有没有雄心，有没有危机意识和创新意识；第二层，创业者是否可以识别出公司创新、公司迭代、公司持续成长的机会；第三层，创业者需要对国家政策和社会事件有敏感性。这三个层次其实就构成了一家公司持续创新的基本要素。

十二、创业者成长过程中对价值判断的迁移

我们在理解了这些基本要素以后，还要去思考另外一个话题，就是公司在发展的过程中，价值主体是如何迁移的。

任何一个创业者在早期主要靠创始人来创造价值，就是创始人会非常认可自己的能力，认为自己能解决所有的问题。但是，当

公司完成了从0到1这个阶段以后,创业者需要学会欣赏和认可团队的价值。这个团队不仅仅包括创始团队,还包括公司里所有的团队。到达从10到100这个阶段以后,创业者需要整合产业链资源的价值,主要是整合、发挥合作伙伴的价值,不要只是把合作伙伴当作供应商,还要看到合作伙伴的战略性价值;也不要只把合作伙伴看作共同设计产品的利益相关方,而应该把合作伙伴看作在生态层面上共同成长的伙伴。往后阶段对创业者的要求就更高了,比如,如何识别社会资源的价值、进行反垄断等。实际上反垄断背后的核心就是社会资源的价值。如果把社会资源的价值转移到了少数人手里或者进行零和博弈,就肯定会带来很大的政策性风险。最后,公司也会形成一种人文价值,形成一种公司气质,形成一种社会的现象。这种多元化的价值在一家公司的发展过程中可以不断地升级、不断地调整。

在这个过程中,还有一个贯穿始终的就是资本的价值,今天,尽管很多的创业者都非常清楚创业就应该做融资,但是大多的创业者其实并没有那么清楚融资到底是做什么的。严格意义来讲,资本在早期阶段其实并不仅仅给公司带来启动资金,资本还给公司带来吸引团队的品牌价值,也有可能帮公司去开拓事业合作伙伴。毕竟有些事业合作伙伴作为投资人投资过很多企业,他可以给你分享一些公司成长的陷阱和优秀公司成长的经验,然后公司就可以缩短在错误的道路上或者在错误的事情上所花费的时间。到了公司发展的中期阶段,资本可以给公司带来很多产业资源,包括开拓视野、优化商业模式等。

所以,我们千万不要认为资本就是为了解决资金运转的问题,资本的核心价值可以给创业者在不同的阶段提供非常大的帮助。第一个价值就是资金本身；第二个价值就是帮助公司获取社会优秀的资源；第三个价值就是帮助公司吸引优秀的团队。

这三个价值实际上是资本的主要价值。我也特别地期望创业者能够多维度地去理解资本，然后结合创业项目认真地去评估应该吸引什么样的资本。有的项目属于自身具备盈利能力的项目，那么资本就可以帮公司去扩张规模。有的项目是亏损的项目，它需要前期有巨额投入，就像新产品的研发，那时资本就可以帮公司坚持到把新产品研发出来并推广出去。所以，每家公司都应该结合自己的情况，冷静地分析公司吸引资本的优势。

十三、提升自我修养的方法

我们对价值判断做了初步的分享和交流，提升自我修养也需要方法。有的创业者想要提升自己时会说：我也非常想提升自我修养，但我不知道怎么去提升。为了解决焦虑，现在很多创业者都在看各种书，听各种知识平台的经验分享，或者上商学院，但实际上在我看来有两种类型的方法可以提升自我修养。

第一种类型，就是向真正的高手学习。各行各业之中都有很多的高手。高手是什么样子的？据我了解高手一定有实践成果。尤其对创业来讲，如果创业仅仅是一种理论认知，那么理论认知虽然可以启发我们产生更多的想法，但是并没有办法帮助我们缩短创业实践路径的周期。如果你现在是在经营一家价值 1 亿元的公司，那么你就应该更多地向经营价值 10 亿元、价值 50 亿元以上的企业家学习，这样一来，你就可以提升学习效率。此外高手又可以分成两种，一种是身边的高手，另一种是网络中的高手。

其实我们每个人身边都有很多高手，他做出过实践成绩，这时并不一定非得从营业额、团队规模来衡量，也可以从其他方面来衡量，比如说，有的人是非常优秀的家庭经营者，那你就可以跟他去学习如何平衡工作和生活；有的人可以在非常短的时间里读完一本书，并可以提炼出这本书的核心价值以及把知识转化成实践的路径，那么你要向他学习如何从读书中获得知识。另外一个可以进行海量学习的方法就是网络智慧。今天我们除了能在网络上搜索寻找一些问题的答案，我们还能在网络上看到世界各地企业家的演讲以及他们的创业经历。大家可以积极搜索那些行业头部企业家的创业历程，并通过认真地去盘点这个企业家从创办企业到最后创业成功经历过多少个阶段，从中可以得到很多宝贵的启发。创业者可以用这些阶段去对照一下自己的公司：当前在什么阶段；在哪个阶段应采取哪些措施；当前有什么措施可以向这个企业家学习；这个企业家在面对失败时，他的内心经历了什么样的煎熬和挣扎，你内心的煎熬和挣扎跟他是不是相近的。如果你能认真地去挖掘、分析一个成功的创业者的创业经历，分析他是如何一步一步走过来的，这对于提升自我修养将是非常有帮助的。

第二种类型，就是向自己的过往经历学习。几乎每个创业者在创业的时候都是成年人，至少已经接近成年。而今天有很多技术高手、营销高手等，可能在十五六岁、十七八岁时，就能想出很好的方法，并且能够做出比较好的创业模型。我们绝大部分创业者实际上已经是成年人了，此时的你已经经历了很多的事情，你可以回想一下做过的傻事和错事都分别有哪些，反省当年为什么会那样做。如果从中提炼一些思维习惯，在下一次提醒自己不要那样去思考、去决策，就会从自己的过往经历中总结到很多可以避免重蹈覆辙的认知。

我们前面分享了向有实践成绩的高手学习、向自己的过往经历学习，这些学习都相当于是照镜子。大家都很清楚任何人如果不照镜子的话，那么他可能三五天头发会乱、衣着也不整洁；如果他经常去照镜子的话，那么他可以很快发现自己脸上哪里有脏的地方。照镜子对个人的形象会带来很大的帮助，那对创业者来讲，如果我们从高手的经历、从自己曾经做过的事情当中学习，把这些经历当作一个无形的镜子，去对比当下的自己，那么我们就有可能变得更好了。

总而言之，通过把高手的经历和自己的过往经历当作一面镜子，照一照自己当下有哪些优缺点，然后把缺点找出来，去形成一个提升自我的行动计划，那就可以不断地提升自我修养。所以，这是一个比较清晰的、可以落地执行的提高自我修养的办法。

我不太建议创业者去读名人推荐的书籍。对创业者来说，时间有限，如果读的书籍与创业没有太大的关系，那么其实意义并不大。尽管说有跨行的启发，但概率很小。

对于读书，其实可以分成三个层次，就看我们在哪个层次上寻找有帮助的书籍。第一个层次是思想层面的书籍，如偏哲学、偏文化、偏经典的书籍。这些书籍不存在行业的差别，比如说传统的经典文化、西方哲学等，读得多了，是可以启迪智慧的。第二个层次是工具层面的书籍，如产品设计等专业技术工具的书籍、管理情绪等心理领域工具的书籍等。这个层次的书籍，在专业技术工具上就已经有很大的行业区分度了；但在心理领域，个体选择的区分度不大。第三个层次是娱乐类型的书籍。这些书籍的个体差异化非常明显，什么人读什么类型的娱乐书籍更开心，这跟个体的价值观、生活阅历等都有关系。

书籍千万不要盲目地去读，要明确读书目的：你是想提高自己的思维能力，是想开拓视野，是想提高自己利用工具的能力，还是想要在专业上有所突破。在选择书籍的时候多想一下，就会跟自己的期望更好吻合起来，而不要盲目地仅仅因为某个名人推荐了某个书单，自己就要跟着读一遍。

现在还有一种很不好的现象，就是今天很多创业者读书恰恰跟提升自我修养没有太大的关联，很多创业者买书读书主要是为了拍照片、发朋友圈，或者在社交圈里丰富谈话的素材。创业者其实并没有完整且有深度地把一本书读下去，尤其是到了30—40岁以后。随着这样做的次数越多，你的世界就越窄。因为你一直认为自己读过这本书了，但实际上你根本就不了解这本书。所以就读书来说，假设你过了30岁，读书一定要精读，要把一本书的逻辑读透，然后结合这本书的一些内容，反思对你当前的状态有没有帮助，对你未来的状态有没有启发。这样的话你就有可能把读书变成一种提升自我修养的过程。

十四、提升自我修养的外在要求

我们从各个方面给大家阐述了提升自我修养的方法。对于一个创业者来讲，当环境发生变化时，公司也在不断成长，创业者如果不能持续地提升自我修养，那可以判断在未来3—5年，公司就会经历很大的风险，创业者也有可能会"摔跤"。

  我们从创业的不同阶段等方面探讨了提升创业修养的必要性和方法等内容。我相信每位创业者只要持续提升自我修养，做到敏锐地识别问题、持续坚定地解决问题，就一定可以带领公司去克服更大的困难，可以带领公司不断取得成功，并且能够促进公司不断地成长。特别期望每位创业者都可以取得更大的成功。创业跟爬野山一样，创业者只要小心谨慎，对方向和目标坚定不移，就一定可以欣赏到别人看不到的风景。